AF370812

ÉTUDES

SUR

LES MORALISTES

FRANÇAIS

11333. — PARIS, TYPOGRAPHIE LAHURE
Rue de Fleurus, 9.

ÉTUDES

SUR

LES MORALISTES

FRANÇAIS

SUIVIES DE QUELQUES RÉFLEXIONS
SUR DIVERS SUJETS

PAR

M. PRÉVOST-PARADOL

de l'Académie française

TROISIÈME ÉDITION

PARIS

LIBRAIRIE HACHETTE ET Cie

BOULEVARD SAINT-GERMAIN, N° 79

1873

TABLE

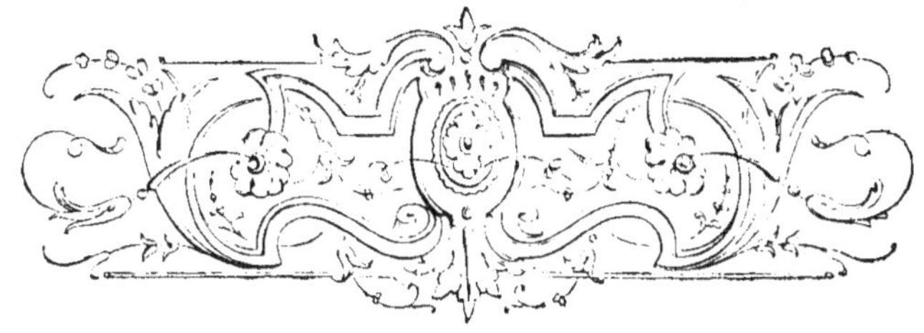

A

M. MIGNET

L'UN DES QUARANTE

DE L'ACADÉMIE FRANÇAISE

SECRÉTAIRE PERPÉTUEL

DE L'ACADÉMIE DES SCIENCES MORALES
ET POLITIQUES.

———

MONSIEUR,

*ous me pardonnerez, je l'es-
père, si j'inscris votre nom en
téte de ces modestes études et
si je vous prie d'en accepter le sincère
hommage.*

Ce n'est pas seulement à l'ami qui

depuis quatorze années m'a constamment soutenu de son affection et de ses conseils que je veux donner ce témoignage bien insuffisant d'attachement et de gratitude; ce n'est pas seulement à l'historien éloquent qui occupe un rang si élevé dans la république des lettres parce qu'il n'a jamais cherché que dans la vérité, poursuivie avec patience et exposée avec art, les moyens d'intéresser et d'émouvoir; c'est encore et surtout à l'homme excellent dont le nom me paraît mieux placé que tout autre au commencement de ce petit livre, parce qu'il est peut-être moins éloigné que tout autre de cet équilibre de l'âme et de cette modération dans la conduite que la plupart des moralistes honorent avec raison du beau nom de sagesse.

Si, en effet, l'accomplissement tranquille et régulier du devoir, l'attache-

ment sans ostentation à la justice, le goût de l'etude, l'amour du bien et du beau, éclairé et tempéré par la raison, si le devouement à l'amitié, aux lettres, au pays, peuvent mériter à quelqu'un le nom de sage, ce nom vous appartient et votre empressement à vous y dérober vous le confirme. Quelque chose eût manqué peut-être à votre vie si, après avoir joui en bon citoyen et surtout en philosophe, du triomphe trop court de la liberté parmi nous, vous n'aviez eu l'occasion de partager ses épreuves et de lui rester fidèle ; mais les malheurs publics vous ont permis de montrer votre invariable attachement aux vrais principes de cette grande revolution dont vous avez si noblement raconté les débuts et dont le terme, hélas ! échappe encore à tous les regards.

La consolation élevée que vous avez

cherchée dans la poursuite de vos sévères études, je l'ai rencontrée dans la lecture assidue de ce petit nombre de grands écrivains qui sont appelés, d'un consentement universel, les Moralistes français, et qui représentent en effet, avec autant de variété que d'éclat, le génie de notre pays appliqué à l'observation et à la peinture du cœur humain. Après avoir joui de leurs beautés je n'ai pu m'empêcher de les louer à mon tour, et j'ai ajouté, non sans défiance de moi-même, mon commentaire à tant de commentaires. Nul travail ne pouvait mieux me délasser des luttes inégales de la presse et d'un effort si longtemps stérile, quoique opiniâtre, pour la défense des intérêts publics et du bon droit. Si vous trouvez quelque plaisir à parcourir ces pages, si elles ne vous paraissent pas trop indignes des grands noms qu'on y rencontre *et des hautes questions qui y sont dé-battues, si elles donnent à ceux qui les lisent de nouveaux motifs pour mépriser le mal et pour aimer la justice, aucune satisfaction ne me sera plus douce et j'aurai fait tout ce que j'ai désiré.*

Veuillez agréer, Monsieur, la nouvelle assurance de mon respectueux et inalté-rable attachement.

2 décembre 1864.

PRÉVOST-PARADOL.

MONTAIGNE

MONTAIGNE

I

ONTAIGNE s'est peint lui-même
à diverses reprises avec tant d'a-
bondance et de sincérité qu'il est
presque impossible d'ajouter quelques traits
à cette image à la fois si grande et si familière. Et pourtant cette image a été sans
cesse retracée, retouchée, embellie par la
piété de ses admirateurs. C'est qu'il est

impossible de goûter Montaigne sans devenir en quelque sorte son ami particulier.
A force de vivre avec lui et de jouir de sa
compagnie, nous en venons insensiblement
à croire qu'il a écrit pour nous seul, que
nous seul l'entendons parfaitement, ou du
moins mieux que tout autre, et de là au
désir de le faire mieux connaître, de raconter ou de découvrir sa vie, il n'y a
qu'un pas. Ce pas a été si souvent franchi
et parfois avec tant de bonheur, qu'il reste
bien peu de chose à faire à ceux qui voudraient raconter aujourd'hui l'histoire de
Montaigne; mais le chemin n'est point
fermé pour ceux qui veulent s'attacher surtout à l'étude et à l'exposition de sa pensée.

Tout le monde sait de sa vie ce qu'il
importe d'en savoir; personne n'ignore
que sa conduite a toujours été une sorte
de commentaire de ses maximes, qu'il
a vécu et agi comme il convenait à l'auteur
des *Essais* de vivre et d'agir. L'éducation
la plus douce et la plus forte, le latin appris

dès l'enfance ou plutôt bégayé dès le berceau, un heureux mélange d'occupations et de loisir, quelques voyages, le spectacle de la guerre civile et d'une société bouleversée par les discordes religieuses, tout vint en aide à la nature pour conduire ce rare esprit vers la réflexion tranquille et vers l'observation impartiale des actions humaines. Dans son admirable essai sur l'*institution des enfants* il conseille de leur apprendre « un peu de chaque chose à la françoise; » c'est l'éducation que lui a donnée à lui-même l'arrangement de sa vie; il a touché suffisamment à tout sans être jamais engagé ni encore moins absorbé dans aucune chose.

Conseiller au Parlement de Bordeaux, plus tard maire élu de cette grande ville et gardien de son repos, ayant traversé la cour à plusieurs reprises, connu et apprécié de plus d'un grand personnage, il put joindre une certaine expérience des hommes et des affaires à celle qu'un bon esprit sait tirer des livres, mais ce que nous appelons aujourd'hui la politique n'occupa jamais une place importante dans son esprit. Rien n'était plus éloigné de son caractère que l'ambition ou la prétention d'influer par une active habileté sur les événements de ce monde. Il ne s'abstient nullement de juger ce qui se passe autour de lui ; il prend même parti ; il tient hautement pour le pouvoir royal et pour l'ancienne religion du pays ; mais s'il ne souhaite point qu'on trouble l'État, c'est parce qu'il n'espère pas qu'on puisse l'amender, s'il ne supporte qu'avec impatience cette grande entreprise pour changer la religion d'un peuple, c'est que ce genre de débats lui paraît stérile et qu'il voit avec regret couler pour de telles question le sang des hommes. Aussi la violence et la cruauté de la défense lui inspirent-elles le même éloignement que la témérité et l'inutilité de l'attaque : « C'est mettre ses conjectures à bien haut prix, dit-il, que d'en faire cuire un homme tout vif. » Si donc il ne paraît pas indifférent, au milieu des assauts que subissaient de son temps l'Église catholique et l'État, la part qu'il prend à cette crise et l'émotion qu'il éprouve viennent au fond de son indifférence même et découlent de la même source que tous les actes et toutes les pensées de sa vie. Ce qui le dirige en cette circonstance, comme dans toutes les autres, c'est l'idée que les mouvements incertains et douloureux de l'humanité ne peuvent guère améliorer son sort, c'est un réel dédain pour le sujet même de la querelle, c'est enfin un mécontentement involontaire contre ceux qui prennent sur eux la responsabilité de troubler inutilement le monde. Il n'a donc vu dans nos guerres civiles qu'un grand et sanglant spectacle, affligeant pour le bon citoyen, mais attachant pour le moraliste, une sorte de commentaire vivant et instructif de l'histoire des temps antiques, un théâtre agité sur lequel l'âme humaine, remuée de mille manières par les événements et incessamment secouée par la fortune, se prête mieux que jamais à la curiosité de celui qui veut l'observer et la peindre.

Les lettres ne sont pour lui, comme la politique, qu'un moyen d'observation, qu'une vive et pénétrante lumière allumée et entretenue par le génie pour éclairer tous les détours du cœur de l'homme. Certes, le souffle vivifiant de la Renaissance avait échauffé l'esprit de Montaigne; il aimait et goûtait les lettres, il comprenait et adorait l'antiquité; il a fait passer dans ses écrits les plus fortes et les plus brillantes pensées de la Grèce, et surtout de Rome, avec tant d'abondance et tant d'à-propos, que ces citations innombrables font corps avec les *Essais*, qu'il est impossible d'en arracher une seule sans une sorte de violence qui laisserait sa trace, sans une déchirure qui resterait toujours visible dans cet harmonieux tissu. La forme de ces pensées antiques ne lui était pas indifférente; et, maître lui-même dans l'art de bien dire,

il goûtait vivement chez les anciens la force,
le naturel, ou la perfection achevée de l'expression. Il discute souvent la propriété
d'un terme, la justesse ou le bonheur d'un
mot; il excelle à sentir et à mesurer la vraie
grandeur dans le langage comme lorsqu'il
recherche quel est le poëte qui a le mieux
parlé de Caton; et il y atteint lui-même sans
effort en parlant de ce qui l'émeut, comme
dans cette page d'une éloquence sublime
jetée dans son journal de voyage sur la ma-
jesté des ruines de Rome. Mais malgré sa
noble passion pour les lettres, malgré les
délassements qu'elles lui donnent, malgré
la sûreté de jugement avec laquelle il les
goûte, malgré son propre génie d'écrivain,
et ce secret plaisir d'avoir bien dit, auquel
il ne devait pas échapper plus qu'un autre,
les lettres ne sont jamais sa principale affaire, et ce n'est point pour leur propre
beauté qu'il les aime. Si l'on parcourt cette
riche galerie de citations, incrustées pour
ainsi dire dans les *Essais* et inséparables

du monument qui les porte, on ne tarde
guère à reconnaître que c'est avant tout
une incomparable collection de témoignages sur les habitudes de notre esprit et sur
les penchants de notre cœur. Il aime les
lettres parce qu'elles lui racontent avec
agrément ou avec éclat l'histoire des passions humaines; et s'il fait comparaître
et parler devant nous tant d'historiens, de
philosophes et de poëtes, c'est bien moins
pour le plaisir de ses yeux et des nôtres
que pour les faire déposer, chacun dans leur
langage et selon leur divers génie, sur ce
qu'il lui importe de savoir.

Que lui importe-t-il donc de savoir?
une seule chose, qu'il poursuit d'ailleurs
sans emportement, sans ardeur douloureuse, sans activité inquiète, mais au contraire avec un mouvement plein de douceur et avec un plaisir tranquille, comme
un ruisseau qui suit sa pente ou comme
un animal folâtre qui obéit en se jouant à
l'appel de la nature. Il veut savoir, s'il se

peut, ce que c'est que l'homme, prêt à
prendre son parti et à se consoler s'il l'i-
gnore ; bien plus, à trouver dans cette incertitude même je ne sais quel sentiment
de pleine indépendance et d'entier détachement, comme un voyageur qui, par-
venu au faîte d'une haute montagne et
respirant un air léger, entreverrait à ses
pieds les cités et les plaines enveloppées
d'une épaisse atmosphère et parfois couvertes de noires vapeurs. Mais cette incertitude dont il portait la source profonde
en lui-même, qu'il trahit dès ses premiers
pas, et à laquelle tous les détours de sa
pensée devaient aboutir, ne le détourne
nullement d'observer tout ce qu'il peut
atteindre avec autant d'attention et de
plaisir que s'il avait quelque vérité à conquérir. C'est que, faute de mieux, il tirera
de ce qu'il voit de nouvelles raisons de
douter, et que ce fruit de sa recherche
perpétuelle est bien loin de lui paraître
amer. Il est donc avant tout et toujours

un observateur. Au milieu du péril et des embûches perpétuelles de la guerre civile, lorsque sa propre sûreté est en jeu, le mouvement des passions, leur langage, l'expression variée des traits qui les racontent ou qui s'appliquent à les contenir, l'occupent plus que tout le reste et donnent sans cesse l'essor à sa pensée. Il voyage un jour avec un gentilhomme, forcé de déguiser sa croyance et son parti; il le devine à sa pâleur, et écrit quelques pages admirables sur la conscience qui nous porte à nous déceler, à nous accuser, à nous combattre nous-mêmes. Quelque plaisir pourtant qu'il éprouve à observer et à peindre autrui, c'est à lui-même qu'il en veut, c'est sur lui-même que ses yeux sont incessamment ouverts. Depuis le jour où, ayant à peine dépassé le milieu de la vie, il se déclarait, dans une inscription restée célèbre, las de l'esclavage des cours et des fonctions publiques, esclavage sous lequel il devait retomber dix ans plus tard (*servitii aulici et munerum publi-corum jamdudum pertæsus*) ; depuis le jour où il consacrait la demeure paternelle à la liberté, à la tranquillité et au loisir (*libertati, tranquillitatique et otio*), depuis ce jour jusqu'à son dernier sommeil, il ne cessa de s'épier et de se regarder vivre, curieux avant tout de surprendre en lui-même ces mouvements variés et ondoyants de notre nature, dont il aimait à chercher les traces dans l'histoire et les effets autour de lui.

Cette observation intérieure était continuelle, parce que, loin de lui coûter un effort, elle était le plus vif de ses plaisirs ; aucune distraction, aucune surprise, si violente qu'elle fût, ne pouvait la suspendre. Renversé un jour de son cheval par le choc d'un de ses serviteurs, cruellement meurtri, vomissant des flots de sang, mortellement atteint en apparence et persuadé lui-même qu'il se meurt, il se regarde mourir avec une curiosité assez attentive pour noter plus

tard, dans un de ses récits les plus char-
mants, les impressions fugitives qui avaient
alors traversé son âme. « Il me sembloit,
dit-il, que ma vie ne me tenoit plus qu'au
bout des lèvres ; je fermois les yeulx pour
ayder, ce me sembloit, à la pousser hors et
prenois plaisir à m'alanguir et à me laisser
aller. C'estoit une imagination qui ne fai-
soit que nager superficiellement en mon
âme, aussi tendre et aussi foible que tout
le reste ; mais, à la vérité, non-seulement
exempte de desplaisir, ains meslée à cette
doulceur que sentent ceulx qui se laissent
glisser au sommeil. » Il n'était pas besoin
d'une secousse aussi profonde pour éveiller l'attention de Montaigne sur les mouvements de son esprit et pour le décider à
les peindre ; tous les incidents de sa vie
comme tous les chemins de sa pensée le
ramenaient à lui-même ; on dirait qu'il a
pratiqué, pour l'appliquer à son âme,
cette science nouvelle de la météorologie
qui s'attache à épier et à décrire les plus

légers changements dans l'état du ciel; les
yeux fixés sur ce monde intérieur, et ne
s'en écartant que pour y revenir, il nous
dit, avec une engageante complaisance et
avec une parfaite sincérité, quel nuage
l'obscurcit, quel rayon de soleil l'éclaire,
quelles impressions successives et parfois
contradictoires y produisent les leçons de
l'histoire et le spectacle de la vie ; et ainsi
s'est fait, au jour le jour, ce livre admirable et unique des *Essais*, dont Montaigne a pu dire qu'il était lui-même « la
matière, » et qu'on hésite à nommer un
livre ; car toute application, tout travail,
tout dessein prémédité en sont absents, et
c'est, à proprement parler, le plus libre, le
plus ouvert, le plus familier des entretiens
auxquels un homme se soit jamais abandonné avec ses semblables et avec lui-même.

Quiconque ouvrirait ce livre sans avoir
jamais entendu parler de Montaigne, sen-
tirait dès les premières pages qu'il est en
face d'un esprit incertain et moins dési-

reux de dissiper son incertitude que de s'y affermir et que de la répandre. Quelle que soit la question qu'il rencontre sur son chemin, dans quelque sentier que le hasard le pousse, qu'il s'agisse de l'objet le plus vulgaire de la vie pratique ou du problème moral le plus élevé, il n'émet une opinion et ne donne dans un sentiment qu'afin de s'en écarter aussitôt ou plutôt de rebondir vers l'opinion contraire; mais il n'a garde de s'y tenir davantage, et incline de nouveau vers l'opinion qu'il a quittée pour la quitter encore, jusqu'à ce qu'il demeure immobile à égale distance de l'une et de l'autre, comme un pendule bien suspendu qui, après quelques oscillations légères, retrouve son équilibre et rentre dans son repos. Qu'il approfondisse le sujet qu'il touche, ou bien qu'il l'effleure, il suit cette méthode, si l'on peut donner le nom de méthode à cette allure naturelle et involontaire d'une intelligence dans laquelle il suffit qu'une idée se lève pour y

susciter aussitôt l'idée contraire. Chaque
pensée, dans cet esprit né pour le doute,
est comme une voix à laquelle l'écho ré-
pond sur-le-champ, non pour la répéter,
mais pour la démentir. Qui ne se souvient
de cette fable charmante de Jason semant
les dents d'un dragon qui se changent aussitôt en hommes armés, prêts à s'égorger
les uns les autres ? L'esprit de ce grand
douteur ressemble à ce champ de bataille ;
pas une idée n'y apparaît qu'elle ne trouve
en face d'elle une idée tout armée prête à
la combattre ; mais tandis que cette lutte
intérieure, qui existe à divers degrés chez
tout homme qui pense, engendre en plus
d'une âme une douloureuse fatigue on un
incurable dégoût, elle est le spectacle préféré et le divertissement le plus délicat de
cette superbe intelligence qui plane avec
sécurité sur cette mouvante arène, et qui a
reçu de la nature le rare privilége de trouver
dans le doute même sa pâture et son repos.

Ce doute est épanché partout dans les

Essais; on n'y trouve guère, en y regardant de près, une seule page qui n'en soit imprégnée; mais s'il est répandu partout, il est en même temps concentré quelque part, et, en remontant le cours capricieux de tous ces ruisseaux, on arrive au grand lac d'où ils découlent. L'*Apologie de Raimond Sebond*, placée au centre des *Essais*, n'en est rien moins que le cœur; c'est de là que part ce flot puissant qui se divise en mille rameaux, pour porter jusqu'aux extrémités du tissu vivant des *Essais* **la** même séve et la même pensée. Chacun de ces chapitres si variés n'est qu'une conclusion dont ce chapitre capital contient les prémisses; chacun d'eux exprime un doute particulier, lui seul contient toutes les raisons de douter, et les énumère avec une hauteur, une force et un éclat qui mettent ces pages entraînantes au premier rang parmi les efforts que l'homme ait jamais tentés pour arracher de son âme le penchant à croire et pour en exiler la certitude.

II

E plus léger détour a paru suffisant à Montaigne pour donner une apparence légitime et même religieuse à cette guerre sans merci, entreprise contre l'orgueil humain trop confiant dans la raison humaine. Il veut simplement, à l'entendre, confondre ceux qui trouvent faibles et insuffisantes les raisons alléguées par Raimond Sebond en faveur de la vérité des croyances chrétiennes.

« Vous trouvez ses raisons faibles, dit-il; voyons donc les vôtres. Sur quoi vous appuyez-vous pour juger les siennes? Quelle force attribuez-vous à vos arguments? Comment établissez-vous que vous êtes capable d'arriver à la certitude? »

La guerre ainsi portée dans le camp ennemi, sous le prétexte d'une défense légitime, Montaigne se sent libre de tout dire, d'enlever à la raison, s'il le peut, ses armes chétives et de renverser le superbe et fragile édifice de nos connaissances. Il commence donc, comme tous ceux qui veulent arracher violemment notre esprit à ses habitudes et élargir l'horizon de notre pensée, comme Pascal le fera un jour à son exemple dans une intention bien différente et avec plus de grandeur; il commence par nous forcer à regarder le ciel tel qu'il est et par nous accabler d'un seul mot sous l'immensité de la nature. Quand il nous a ainsi jetés à bas de notre trône imaginaire et tirés de notre petit empire pour nous lancer et nous perdre dans la poussière infinie de l'univers, quand il nous a demandé ironiquement qui nous a donné le droit de croire faits pour notre usage et de prendre à notre service « le bransle admirable de la voulte céleste et la lumière éternelle de ses flambeaux roulant si fièrement sur nos testes, » il nous met en face d'un autre mystère, et cherche à rabattre en nous cette présomption qui nous porte à nous mettre dédaigneusement à part des autres êtres répandus sur notre planète, comme si nous étions non-seulement supérieurs à eux, mais d'un autre ordre. Qu'en savons-nous cependant? Qui a pénétré le mystère de ces humbles existences, les pensées qui s'agitent dans ces intelligences endormies, les limites assignées à l'instinct, la nature de cet instinct lui-même, mot commode pour rabaisser au gré de notre orgueil des merveilles de prévoyance, d'activité, de dévouement et de courage? Avec quelle audace nous nous transportons ainsi hors de nous-mêmes pour juger la vie intérieure de tous ces êtres et pour en donner l'exacte mesure! « Quand je me joue à ma chatte, qui sçait si elle passe son temps de moy plus que je ne fais d'elle! » Montaigne veut donc nous ramener et nous joindre à cette foule, sans même nous permettre de nous en distinguer par notre faiblesse particulière à notre naissance ou par certaines misères que les animaux ne connaissent pas, car ce n'est qu'un nouveau détour de notre orgueil et qu'un effort ingénieux de notre vanité pour nous entourer d'un certain mystère et nous assurer mieux cette place à part que nous revendiquons obstinément au sein de la nature. Il n'est pas vrai, nous dit Montaigne, que l'homme naisse plus nu, plus désarmé, plus incapable de se suffire que les autres êtres; et d'ailleurs, en supposant toutes ces différences et toutes ces lacunes, ce mouvement qui nous pousse à y porter remède, nos inventions, nos arts, nos efforts pour vivre et pour mieux vivre, ne sont-ils pas aussi des dons de la nature? ces instincts salutaires ne rétabliraient-ils pas l'équilibre et ne nous ramèneraient-ils pas par un détour à la condition commune: celle d'une existence difficile et contrariée par les forces du dehors, mais ayant en elle-même le moyen de se suffire et de durer?

Mais nous avons, dit-on, nos priviléges, des occupations et des pensées auxquelles nul autre être que l'homme ne peut prétendre et qui font notre grandeur. Voyons-les donc, serrons de plus près ces facultés particulières et admirables ; détachons et pesons tous ces diamants de notre couronne ; voyons si l'éclat n'en est pas faux et s'il est bien difficile de les réduire en poussière. Est-ce la guerre qui justifie notre orgueil ? C'est, en effet, la plus grande et la plus pompeuse des actions humaines ; mais s'il y a de la gloire à s'entre-détruire, cette glorieuse fureur n'est point particulière à l'homme, et deux essaims, se disputant une ruche, combattent aussi vaillamment que deux armées. Les taureaux savent aussi bien que nous lutter et mourir pour un pâturage ou pour une génisse. Nos motifs, dit-on, sont plus nobles ! En vérité ! Allez au fond de toute guerre, et voyez de près ce qui fait couler le sang des hommes ; combien de causes plus misérables, plus injustifiables que la possession d'une ruche ou d'un pré leur mettent les armes à la main et les décident à se chasser les uns les autres du champ de l'existence! Nous pouvons davantage pour nous nuire, mais la volonté qui nous pousse à employer ces moyens terribles n'en est point pour cela plus élevée ni plus respectable. Nous voulons nous agrandir, tout absorber en nous, confondre les limites de notre être avec celles mêmes du monde ; ainsi le veut toute créature vivante, et de là vient que toutes s'entre-choquent et se détruisent. Pareils appétits agitent un ciron, un éléphant, un puissant monarque. Mais pourquoi être si fiers de sentir en nous, comme tout ce qui existe, et de traduire à notre manière cette secrète impulsion de la nature qui, dans chacune de ses créations, tend avec excès à la vie et qui se limite et se contient elle-même par la mort?

Si la guerre n'est point faite pour enfler
notre orgueil, est-ce donc la science qui le
justifie? De quel usage, de quel prix est
pourtant la science, à moins qu'elle ne
serve à nous révéler notre ignorance et
notre faiblesse, et à nous rendre plus humbles à mesure que nous savons davantage,
comme on voit les épis les plus chargés de
blé s'incliner le plus bas vers la terre?
Qu'est-ce que la science vue de près,
sinon un amas d'incertitudes? Savons-nous
si cette exaltation même de notre esprit,
que nous croyons féconde, n'est pas une
maladie, une affliction et une déception de
la nature? Quelle imperceptible différence
« entre la folie et les gaillardes eslevations
d'un esprit libre! » La philosophie est le
plus sublime effort de la science humaine,
mais que produit cet effort? un vain conflit d'opinions également incertaines, une
lutte bruyante et stérile, un « tintamarre
de cervelles, » des imaginations qu'on
cherche à transformer en raisonnements,

mais qui n'ont pas plus de corps que de base. C'est une poésie sophistiquée et rien de plus. Elle peut servir d'amusement à l'esprit, d'occupation à la vie, nous distraire de nos maux par une recherche qui peut durer toujours, puisqu'elle est sans objet réel et sans terme, mais c'est présomption et folie que d'en espérer davantage. Quant aux religions (sauf une seule, que Montaigne laisse de côté plutôt qu'il ne la met à part), n'est-ce pas le plus vaste champ ouvert à la folie humaine, n'est-ce pas là qu'elle s'est donné carrière avec le plus de complaisance? Il y a un trait commun entre tous les produits, si divers qu'ils soient, de ce grand délire : c'est notre penchant à tailler Dieu sur notre mesure, à nous considérer nous-mêmes comme le centre du monde, comme l'objet de toute cette action, de tout ce mouvement, de tout cet ordre, à nous adorer enfin nous-mêmes dans notre image agrandie, embellie et placée de nos propres mains au faîte de ce vaste univers. Ce résultat uniforme des religions indique assez clairement qu'elles ne sortent que de notre ignorance et de notre orgueil, et qu'avec des prétentions plus imposantes que la philosophie, elles ne nous en apprennent pas davantage sur le monde et sur nous-mêmes. Elles ne rompent donc pas plus que la philosophie l'effrayant tête-à-tête dans lequel nous sommes enfermés avec notre propre intelligence; elles nous montrent seulement à l'œuvre dans la région des chimères, cet égoïsme de la pensée et cet instinct envahisseur que nous portons dans les affaires réelles de la vie, et qui nous sont à divers degrés communs avec toutes les créatures. N'est-ce pas de ce même égoïsme qui repousse toute limite dans la durée, et qui veut survivre à la destruction même du corps, que nous viennent tant de théories sur l'immortalité, tant de visions sur un autre séjour conforme en tout point à nos désirs, arrangé tout exprès pour l'accomplissement de nos vœux, propice à une sorte de dilatation infinie de notre être? *Somnia non docentis, sed optantis*, comme disait un ancien, qui retrouvait aussi la source de cette croyance à l'immortalité dans l'âme elle-même, avide de vivre et quêtant partout des consolations et des espérances.

Quoi d'étonnant d'ailleurs si la science, la philosophie, les religions ne peuvent rien atteindre de certain ni de solide, puisque nos opinions elles-mêmes sont soumises à un continuel changement et au rapide mouvement de tout ce qui nous entoure? Je n'ai pas pensé hier ce que je pense aujourd'hui; ma pensée de demain sera autre chose encore. Je ne suis pas le même homme qu'il y a un an; mon esprit est traversé par un flot ininterrompu de pensées qui ronge et renouvelle le lit et les rives de ce fleuve invisible, comme le flot de matière qui traverse incessamment mon corps le dévore et le renouvelle. Même instabilité, même changement dans les opinions générales que dans nos croyances particulières ; c'est que le même courant qui m'emporte emporte le monde, et qu'il lui est aussi impossible qu'à moi de prendre pied et de s'arrêter à quelque certitude. Notre intelligence et les choses, ce qui voit et ce qui est vu, ce qui juge et ce qui est jugé, n'ont rien de stable ; tout s'écoule comme un torrent, et nous prétendrions attacher quelque valeur durable à nos impressions d'un jour! Voyons-nous, de plus, les choses telles qu'elles sont? Qui l'oserait dire? Un sens de moins, et voilà un autre univers. Un aveugle-né, un sourd auront-ils jamais l'idée du son ou de la couleur? Si un sens de moins nous fait un autre monde, qui peut dire qu'un sens de plus ne bouleverserait pas toutes nos connaissances? La prétendue vérité de nos cinq sens serait-elle la vérité de six sens ou de huit? Supposons pourtant ce miracle que nous puissions voir avec clarté, et d'une manière uniforme tout ce qui nous entoure, que nous soyons d'accord sur toute chose avec nous-mêmes et avec les autres, avec nos descendants et avec nos ancêtres; qu'au lieu de cette mer vaste, trouble et ondoyante des opinions humaines, nous ayons sous les yeux, comme dans un miroir limpide et fidèle, l'image constante d'une vérité avouée en tout lieu et de tout temps par l'humaine raison. Cette vérité perpétuelle et générale cessera-t-elle pour cela d'être humaine, c'est-à-dire d'être un produit particulier de l'intelligence de l'homme, l'expression d'un rapport constant entre les choses et ses organes, une façon de voir et de juger propre à notre espèce mise en face de la nature? Mais où est le lien, le rapport nécessaire, le point de contact et de passage entre cette vérité tout humaine et la vérité absolue à laquelle nous avons la prétention d'atteindre? Accordons un instant qu'une chose soit vraie pour tous les hommes et sur toute la terre : ce ne serait jamais qu’une vérité de l’homme et de la terre; où sont ses titres à valoir quelque chose, à exister au delà? Nous ne sommes pas plus près du ciel lorsque nous sommes sur le mont Cenis que si nous étions au fond de la mer; nous pouvons de même amasser en un monceau toutes les opinions de notre race, leur donner une consistance factice et une unité trompeuse, en faire une haute et solide montagne sur laquelle flottera le drapeau de notre raison, rien ne comblera le vide infini et infranchissable qui séparera ce petit amas de vérités à l’usage de l’homme du séjour inaccessible où la vérité absolue réside. Supposons que nos intelligences soient courbées sous une même loi : c’est une loi municipale que nous alléguerons; qu’a-t-elle à faire avec la loi universelle? Lucrèce a bien dit :

Terramque et solem, lunam, mare, cætera quæ sunt
Non esse unica, sed numero magis innumerali.

Qui pourra soutenir que pour être valables ici-bas les lois de notre raison soient observées dans un seul de tous ces mondes? Quoi! il suffit d'aller d'ici aux Indes pour voir tout changer, les plantes, les animaux, les hommes, et cette variété, déjà si marquée dans un si petit espace, ne vous avertirait pas de la diversité prodigieuse et infinie qui est sans doute répandue dans ce vaste univers! Confinés dans notre étroit et mobile séjour, prenons nos imaginations pour ce qu'elles valent, n'attribuons pas à nos pensées une domination extérieure à laquelle elles ne sauraient prétendre; sachons demeurer dans notre incertitude. Convenir de cette incertitude et en reconnaître les causes, voilà, selon Montaigne, le dernier terme de notre raison; en prendre notre parti et vivre dans la modération que l'incertitude conseille, voilà le dernier effort de notre sagesse. N'affirmons donc aucune chose, pas même que nous doutons, car c'est encore trop dire; disons plutôt : Que sais-je? Nous serons d'autant plus éle-

vés parmi les intelligences et d'autant plus
heureux parmi les hommes que nous regar-
derons de plus haut et d'un œil plus tranquille les affirmations téméraires auxquelles
ils se livrent et les passions violentes qui,
nées de ces affirmations mêmes, les empor-
tent pour leur malheur dans des agitations
stériles.

C'est presque en secret et comme à
l'oreille que Montaigne nous communique
dans cette *Apologie de Raimond Sebond*
cette doctrine développée du doute de laquelle toutes ses pensées découlent. Il nous
conseille de la garder pour nous-mêmes,
de ne nous en servir que rarement, et
comme d'un coup désespéré, contre ces
esprits dogmatiques dont le despotisme et
l'orgueil peuvent parfois pousser à bout le
sage. Il n'a garde de souhaiter que le vulgaire s'engage dans cette route dangereuse
qui mène au delà des limites de la raison,
et dans laquelle un esprit faible peut perdre à chaque pas un de ses motifs de se

bien conduire. Il faut au contraire que l'homme soit bridé de lois, de religions et de coutumes, et poussé dans un chemin battu sous une forte tutelle. Mais cette humiliante nécessité n'existe point pour l'âme tempérée du sage, qui sera d'autant plus en équilibre, d'autant plus éloignée des désirs immodérés et des actions violentes qu'elle sera mieux instruite de sa propre ignorance, de sa faiblesse et du néant de tout ce qui agite les hommes.

Cette doctrine est pour Montaigne autre chose qu'un mystère, c'est une sorte de retraite intellectuelle qu'il s'est ménagée au milieu de la tempête qui sévissait autour de lui et qui rendait périlleux les abords mêmes de sa demeure. Tout ce tumulte expirait au pied de la tour qui contenait sa chambre d'étude, interdite aux membres mêmes de sa famille, asile inviolable réservé au libre essor de sa pensée. Ce qu'il appelle en son langage si familier et si clair son arrière-boutique n'est pas autre chose que cette façon paisible et désintéressée de voir les affaires humaines, et d'y laisser errer sa curiosité sans jamais y engager trop avant son cœur. Ce n'est point cependant qu'il renonce à examiner les pensées de ses semblables, à juger leur conduite, à choisir même entre leurs opinions, à distribuer, selon l'impression du moment, le blâme ou la louange. Toujours équitable à force de lumières, toujours tolérant à force d'intelligence, il n'en est pas moins comme tout le monde, dogmatique à son heure, et prend volontiers parti plus éloquemment que tout le monde contre ce qui lui déplaît ou l'offense. Qui a mieux raillé le pédantisme, flétri la cruauté, célébré l'amitié? Qui a donné de plus sages conseils pour élever sans violence une âme ingénue qu'on veut préparer à l'honneur et à la liberté? Qui a pris enfin, en des termes plus forts et avec une sympathie plus généreuse, la défense des honnêtes gens et des bons citoyens opprimés par la fortune? Qui a mieux parlé de Brutus et de Caton? Certes, lorsqu'on admire ce respect religieux de Montaigne pour la vertu courageuse et malheureuse et le langage presque divin qu'il trouve pour célébrer les belles actions qui l'émeuvent, on est un moment tenté de croire qu'ayant de bien loin devancé Kant dans son inflexible distinction entre les vérités à la mesure de l'homme et la vérité absolue soustraite à son empire, il l'a devancé de même en retrouvant dans la loi morale et dans l'idée du devoir un nouveau chemin vers la certitude. Aurait-il donc voulu, comme l'essayera Kant, emporté par ce même torrent du doute universel, s'attacher à l'idée du devoir d'une étreinte désespérée, et remonter, par la certitude d'une loi morale, à toutes les autres certitudes? Ne cherchez rien de semblable dans la pensée de Montaigne; il n'a point de ces profondeurs, il ne connaît aucun de ces détours et ne se

soucie point du but où ils pourraient le
conduire. Il vous accorde volontiers que
certains hommes le touchent, que certaines
vertus le ravissent et l'élèvent par l'en-
thousiasme au-dessus de lui-même ; mais à
qui voudrait l'accuser de se contredire en
admirant si fort une vertu qui ne repose
sur aucune règle et l'accomplissement d'une
loi morale qu'il ignore, il n'opposerait
nulle défense. Les contradictions ne l'ef-
frayent point, et il ne leur cherche aucune
issue, il les reconnaît et les accepte, il leur
fait même bon accueil ; son scepticisme les
peut contenir toutes, elles peuvent s'accu-
muler et se mouvoir à l'aise dans cette vaste
enceinte.

Il faut donc le prendre tel qu'il est, et,
tel qu'il est, nul esprit bien fait ne le trouvera inutile. Si on veut laisser de côté le
fond de sa pensée et se borner à la suivre
dans ses courses vagabondes, il est peu de
sujets sur lesquels il ne nous laisse, en
des termes qui ne s'effacent plus de l'es-

prit, une impression salutaire; c'est une perpétuelle leçon de tempérance et de modération qu'un tel livre, puisque toute opinion extrême y est combattue et qu'on y sent partout le désir d'être équitable. Ajoutez-y cette sincérité sans égale qui est un exemple en même temps qu'un charme, et qui nous montre dans une complète ouverture de cœur la plus puissante des séductions que puisse exercer un écrivain. Si l'on veut aller pourtant au fond de sa doctrine et se mesurer avec ce scepticisme, quelle que soit l'issue diverse d'un tel combat, selon la nature de celui qui s'y livre, on ne sort guère de cette étreinte forte et douce sans en rapporter un esprit plus large, une vue plus élevée et plus impartiale des choses humaines. Quelque solution qu'on donne soi-même aux questions débattues par Montaigne, on en a du moins compris la grandeur, et l'on a senti du même coup qu'elles sont le plus noble et le plus fort aliment que l'homme puisse donner à l'activité de sa pensée. Il est certes bien des âmes qu'il ne détachera pas de leur certitude, et il est bien loin de souhaiter qu'elles s'en détachent; mais il est peu d'âmes cultivées qu'il ne soit capable d'ébranler pour leur bien et auxquelles il ne puisse donner une secousse vivifiante qui leur fera sentir davantage un jour l'inestimable douceur de la conviction et du repos. Comment oublier enfin qu'écrivant avec une pleine liberté dans une langue jeune encore et capable de céder sans effort sous sa main, il y a trouvé pour sa pensée si mobile et si vive le plus riche, le plus souple et le plus léger des vêtements, qu'il a toujours atteint ou plutôt rencontré l'expression la plus juste et la plus forte, si bien qu'on ne peut imaginer mieux dites les choses qu'il a voulu dire, que les changements survenus dans notre idiome, moins caressant et moins flexible, ont plutôt augmenté qu'obscurci le charme de sa parole, et qu'on peut encore aujour-

d'hui mesurer au plaisir qu'on éprouve
en le lisant le progrès qu'on a fait dans
l'art de comprendre notre langue et de la
goûter ?

LA BOETIE

LA BOÉTIE

I

Les lettres ont comme la guerre
leurs héros enlevés à la fleur de
l'âge et au milieu de leur première victoire. Elles peuvent montrer leurs
Hoche, leurs Marceau, leurs Desaix, qui
ont traversé si vite la scène du monde, que
la gloire a eu à peine le temps de toucher
leur front, et que leur vie, pleine de pro-

messes, n'a été qu'une belle aurore. La Boétie est un des plus attrayants parmi ces
illustres morts, et il est peu de figures sur
lesquelles nos regards puissent aujourd'hui
s'arrêter avec plus de profit pour nos
âmes.

C'est le souvenir de la Boétie qui a in-
spiré à Montaigne les pages les plus touchantes qui soient sorties de sa plume. Si
ce traité de *la Servitude volontaire*, qui a
donné à Montaigne le désir de le connaître et qui a conduit ces deux belles âmes à
l'intimité la plus douce, eût été dérobé,
comme il a failli l'être, à la postérité, le nom
de la Boétie n'en serait pas moins sauvé de
l'oubli, grâce à cette peinture achevée de
l'amitié que Montaigne a placée sous son
invocation et inséparablement confondue
avec sa mémoire. Le chapitre sur l'amitié
ne pouvait périr, et le nom de la Boétie
ne pouvait plus en être arraché; il est pour
ainsi dire la séve de ce bel arbre, le plus
gracieux peut-être de cette riche et capri-

cieuse forêt des *Essais*, au milieu de laquelle il s'élève ; on sent qu'il est habité par une âme encore plaintive ; on croit voir, en l'approchant, un de ces lauriers ou de ces cyprès dans lesquels les dieux de l'Olympe enveloppaient doucement à leur dernière heure les mortels aimés qu'ils ne pouvaient empêcher de mourir.

Montaigne nous peint donc d'un même trait dans ce chapitre, l'amitié la plus parfaite que les hommes puissent concevoir et l'amitié qui l'unissait à la Boétie. C'est pour lui qui écrit et pour nous qui le lisons une seule et même chose. Rien n'y a manqué : ni cette inclination mystérieuse, antérieure à toute rencontre, qui les faisait « s'embrasser par leurs noms » avant de s'être vus, ni cette prompte attraction des âmes qui les fit se confondre au point d'anéantir leurs volontés particulières en les plongeant l'une dans l'autre et en les transformant en une seule, si bien qu'il leur eût été difficile de s'y reconnaître et de savoir qui des deux avait voulu le premier ou voulu davantage ce qu'ils voulaient toujours ensemble. Ce n'est point l'amitié qui unit le fils au père, et qui est limitée par des réticences aussi bien que tempérée par le respect; ce n'est point l'amitié du frère pour le frère mêlée à l'idée du devoir et imposée par la commune origine; c'est encore moins l'amitié de l'homme et de la femme, qui n'échappe guère à l'amour, soit que l'amour s'y mêle pour la détruire un jour, soit qu'il l'importune et la combatte en attirant l'âme ailleurs. Non, c'est l'amitié toute pure, forte de sa simplicité, fière de son libre choix, sûre de l'emporter sur tout et de survivre à tout. Dans ce libre et noble commerce, les mots de bienfaits, d'obligation, de remercîments, de reconnaissance n'ont plus de pouvoir, ni de signification même, et l'on y goûte un bonheur plein et tranquille, inimaginable à ceux qui ne l'ont point connu.

Montaigne et la Boétie n'ont joui que quatre ans de ce bonheur. Ce fut une courte amitié, et l'on eût dit, à voir son ardeur, qu'elle se sentait menacée de près par la mort. Elle était en même temps animée et ennoblie par ce souffle de la renaissance et par cette jeune émulation avec toutes les grandeurs du monde antique qui enflammait alors tant de belles âmes : « Je vous avais choisi parmi tant d'hommes, disait la Boétie à Montaigne sur son lit de mort, pour renouveler avec vous cette sincère et vertueuse amitié de laquelle l'usage est par les vices dès si longtemps éloigné d'entre nous, qu'il n'en reste que quelques vieilles traces en la mémoire de l'antiquité. » Cette amitié était à l'épreuve de tout et bravait les distractions de l'amour. Montaigne nous dit, dans un superbe langage, que de ces deux passions l'une maintenait sa route d'un vol hautain et superbe, et regardait dédaigneusement passer l'autre au-dessous d'elle. Pour la Boétie, on n'écrit point sans avoir aimé quatre vers comme ceux-ci :

> J'ai vu ses yeux perçants, j'ai vu sa face claire;
> Nul jamais sans son dam ne regarde les dieux;
> Froid, sans cœur, me laissa son œil victorieux,
> Tout étourdi du coup de sa forte lumière;

mais il n'est pas douteux que Montaigne n'ait possédé après tout et jusqu'au bout le meilleur de cette belle âme.

Ils étaient faits pour s'entendre; même amour du beau, même goût pour l'antiquité, même modération en toutes choses. Après la mort prématurée de son ami et tout désireux qu'il est d'honorer sa mémoire, Montaigne renonce à publier la *Servitude volontaire*, parce que cet écrit a déjà servi de texte à ceux qui veulent troubler l'État sans savoir s'ils pourront l'amender. Et nous entendons la Boétie, près d'expirer, exhorter doucement le frère de Montaigne, M. de Beauregard, à fuir les extrémités et à ne point se montrer âpre et violent dans son désir sincère de réformer l'Église. Mais, malgré ce commun éloignement pour toutes les apparences d'excès, il y avait en la Boétie une certaine ardeur d'ambition et un penchant à intervenir dans les affaires humaines, qui manquaient à Montaigne. Il avait plus de confiance, ou, si l'on veut, il se faisait plus d'illusion sur la possibilité de donner à l'intelligence et à l'honnêteté un rôle utile dans les divers mouvements de ce monde. Montaigne nous avoue que son ami eût mieux aimé être né à Venise qu'à Sarlat ; plus explicite encore dans une lettre au chancelier de l'Hôpital, il regrette que la Boétie ait « croupi aux cendres de son foyer domestique, au grand dommage du bien commun. Ainsi, ajoute-t-il, sont demeurées oisives en lui beaucoup de grandes parties desquelles la chose publique eût pu tirer du service et lui de la gloire. » On croirait volontiers entendre dans ce regret le murmure de la Boétie s'exhalant après sa mort par cette bouche fraternelle : mais lui-même enlevé, comme Vauvenargues devait l'être un jour, à la fleur de l'âge, a laissé échapper en mourant ce que Vauvenargues avait répété toute sa vie : « Par adventure, dit-il à Montaigne, n'étois-je point né si inutile que je n'eusse moyen de faire service à la chose publique? Quoi qu'il en soit, je suis prêt à partir quand il plaira à Dieu. »

Rien de plus tranquille ni de plus beau, rien de plus propre à servir de soutien et d'exemple que cette mort, telle que nous l'a peinte Montaigne, qui en était le témoin et qui se voyait lentement arracher la moitié de lui-même. La grandeur d'âme s'y montre à découvert, non point par de vifs éclats et par d'orgueilleuses pensées, mais avec une lumière égale et constante que nos yeux peuvent endurer, qui élève notre esprit sans secousse et qui nous réchauffe le cœur. Notre façon d'accueillir la mort dit mieux que tout le reste de nos actions ce que nous sommes ; la fin de la

Boétie est de celles qui honorent l'espèce humaine ; la mort venant avant son heure fut rarement acceptée et embrassée de meilleure grâce. Il remplit ses derniers devoirs envers tout le monde comme envers Dieu, il se résigne à tout quitter sans cesser d'aimer ceux qu'il aime ; il exhorte, il console, il est courageux et tendre ; il cite les anciens et il est plein de l'Évangile ; ce que l'antiquité a de plus ferme, ce que le christianisme a de plus humble et de plus doux, se rencontre dans son cœur et sur ses lèvres ; rien ne lui manque enfin de ce que l'humanité a trouvé de plus noble et de meilleur pour se soutenir à travers cet obscur passage et pour s'encourager à regarder au delà, afin de le mieux franchir.

Tel était l'homme qui, dans la première ferveur de la jeunesse, a écrit en l'honneur de la liberté contre les tyrans, comme dit Montaigne, cet éloquent traité de la *Servitude volontaire*. Bien que l'inspiration de l'antiquité y soit à chaque pas re-

connaissable, ce n'est point un de ces
traités dogmatiques à la façon des anciens,
dans lequel on rechercherait avec méthode
la nature de la servitude et l'explication
de ses causes; c'est une pure invective
contre la lâcheté des peuples trop prompts
à rendre leurs armes à la tyrannie et à
s'endormir dans l'obéissance. Le jeune
discoureur ne peut revenir de la surprise
que cet aveuglement lui cause. Qu'un seul
homme, et le plus souvent le moins redoutable et le moins respectable de tous,
selon l'ordre de la nature et de la raison,
soit accepté ou plutôt subi pour maître,
qu'on lui abandonne ses biens, sa liberté
et parfois l'honneur des siens et son propre honneur, tout ce qui fait enfin le prix
de la vie, comment cela peut-il se faire?
par quel renversement des instincts naturels un si triste prodige peut-il s'accomplir
et durer? Il n'a pourtant que deux yeux,
deux mains comme les autres, mais ce sont
précisément les mains et les yeux de ceux

qui le servent avec trop de complaisance qui lui donnent sur tous cet irrésistible empire. « Comment donc, s'écrie la Boétie, vous oseroit-il courir sus, s'il n'avoit intelligence avec vous-mêmes? Que vous pourroit-il faire si vous n'étiez recéleurs du larron qui vous pille, complices du meurtrier qui vous tue et traîtres de vous-mêmes? Vous semez vos fruits afin qu'il en fasse le dégast, vous meublez et remplissez vos maisons pour fournir à ses voleries, vous nourrissez vos filles afin qu'il ait de quoi saouler sa luxure, vous nourrissez vos enfants afin qu'il les mène pour le mieux qu'il fasse en ses guerres, qu'il les mène à la boucherie, qu'il les fasse les ministres de ses convoitises, les exécuteurs de ses vengeances... » Et cependant les bêtes mêmes essayent de se défendre contre celui qui veut les conquérir : elles crient *liberté* dans leur langage, mais l'homme soutient lui-même son maître et ne peut prendre seulement sur lui de le laisser tomber.

De tous les maîtres qu'il peut avoir, **le
pire,** selon la Boétie, ce n'est point celui
qui règne par droit de conquête et qui
abuse sans scrupule de son butin ; ce n'est
point non plus celui qui a reçu son temple
comme un héritage et qui le traite en naturel esclave ; c'est celui qui « a le royaume
par l'élection du peuple, à qui le peuple
lui-même a donné l'État. » Il est pire, dit
la Boétie, parce que, résolu à ne « point
bouger » du sommet où l'on l'a mis, et
décidé « à rendre à ses enfants la puissance que le peuple lui a baillée, » il a plus
à faire que les autres pour « *estranger* ses
sujets de la liberté encore que la mémoire
en soit fraîche. » Sa tâche est donc plus
difficile que celle des autres ; aussi est-il
réduit à l'exécuter avec plus d'énergie et
plus de violence.

Mais la faiblesse de la nature humaine
lui vient en aide, et ceux-là même qui ont
d'abord servi par force s'accoutument par
degrés à servir. Tout va mieux encore

quand est éteinte la génération qui a vu la
liberté et que pour les nouveaux venus ce
n'est plus qu'un mot vide de sens. « Ceux
qui, en naissant, se sont trouvés le joug
au col, ne s'aperçoivent point du mal. »
Mais ils ont perdu tout ce qui fait la dignité de l'homme, et quand on va de Venise à Constantinople, « n'estimeroit-on pas
que sortant d'une cité d'hommes on est entré
dans un parc de bêtes? Deux choses en-
tretiennent cette tyrannie, une fois fondée,
l'ignorance et le goût des vils plaisirs. Il
faut que le tyran donc proscrive « les livres
et la doctrine qui donnent plus que toute
autre chose aux hommes le sens de se re-
connoître et de haïr la tyrannie; » il faut
de plus qu'il leur prodigue les divertissements les plus capables de les énerver et de
les étourdir. C'est ainsi que Cyrus, maître
de Sardes, y établit avant tout des tavernes,
des théâtres, des jeux et tout ce qui pouvait favoriser le goût des plaisirs, et « il
se trouva si bien de cette garnison » mise

dans Sardes, qu'il n'eût plus besoin d'y tirer l'épée. De même à Rome, où les « théâtres, les jeux, les farces, les gladiateurs,
les bêtes étranges, les tableaux et autres
telles drogueries étoient les appasts de la
servitude. » La tyrannie n'est pas toujours
aussi sincère dans son dessein d'efféminer
les hommes, mais la Boétie assure que
« sous sa main » elle ne « pourchasse » jamais autre chose. Et ce succès une fois obtenu, qui dira l'abétissement sous lequel
sert et languit cette multitude ? Les choses
les plus claires lui échappent, et il n'est
rien qu'on ne puisse attendre de sa stupi-
dité : « Tel, dit la Boétie, eût amassé aujourd'hui le sesterce (jeté au peuple), tel
se fût gorgé au festin public en bénissant
Tibère et Néron de leur belle libéralité,
qui le lendemain estant contraint d'aban-
donner ses biens à l'avarice, ses enfants à
la luxure, son sang même à la cruauté de
ces magnifiques empereurs, ne disoit mot
non plus qu'une pierre et ne se remuoit

non plus qu'une souche. » Bien plus, la foule dispense la plus entière popularité, elle garde son meilleur souvenir non-seulement à Jules César, qui « donna congé aux lois et à la liberté, » mais à Néron lui-même, non-seulement à ceux qui ont fondé la servitude, mais à ceux qui l'ayant trouvée établie en ont le plus abusé.

Quel est cependant le ressort, le fondement de cette servitude? Qu'est-ce qui intéresse tant de gens au maintien de ce pouvoir despotique? Quel sentiment porte tant d'hommes à lui prêter les mains, les esprits dont il a besoin et sans lesquels il ne pourrait exister un seul jour? La Boétie ne voit d'autre cause à ce concours d'indispensables serviteurs que l'intérêt personnel, se répandant de proche en proche et rattachant les uns par les autres une foule d'hommes à la tyrannie, qui devient ainsi le centre de toutes les convoitises et la source de tous les avantages. Cinq ou six ont l'oreille du maître; ces

six en ont six cents « qui profitent sous
eux; ces six cents tiennent sous eux six
mille qu'ils ont élevés en état; et qui vou-
dra dévider ce filet verra que non pas les
six mille, mais les cent mille, les millions
par cette corde se tiennent au tyran, qui
s'en aide, comme dans Homère Jupiter,
qui se vante, s'il tire la chaîne, d'amener
tous les dieux.... » Voilà, selon la Boétie,
le grand ressort du pouvoir despotique;
c'est là le secret qu'il poursuivait de page
en page en se demandant comment la tyrannie pouvait exister et se soutenir sur la
terre; et cette organisation de la tyrannie
est d'autant plus funeste, que c'est « tout
le mauvais et toute la lie du royaume » qui
s'amasse autour du tyran par une attraction
naturelle, comme dans les corps les humeurs affluent vers la partie malade. Triste
avantage d'ailleurs que d'être si voisin de
la souveraine puissance, exposé de si près
à ses brusques caprices? N'est-ce pas Ca-
ligula qui disait en embrassant la plus

chère de ses maîtresses : « O la belle tête
qu'un seul mot de moi peut faire tomber ! »
Évitons donc les tyrans ; tenons nos yeux
levés vers le ciel et gardons notre honneur
avec l'aide de Dieu, qui ne saurait aimer
l'avilissement de ses créatures.

Tel est ce traité, qui n'est, à vrai dire,
qu'un cri éloquent contre la servitude,
mais qui nous explique à peine en quoi elle
consiste et qui est bien loin de nous donner la raison véritable de son existence. Ce
n'est point, en effet, nous découvrir le
ressort du pouvoir despotique que de nous
dire seulement qu'il intéresse de proche
en proche un grand nombre d'hommes à
son maintien et à sa prospérité. Il y a des
causes plus profondes à ce fléau lorsqu'il
se déclare dans une société humaine et
qu'il la consume. Il revêt des formes diverses, il parle divers langages, il agit de diverses manières, et si la Boétie a saisi au
vif quelques-uns de ses caractères les plus
généraux et les plus durables, il est bien

d'autres traits importants de sa physionomie qu'il a laissés dans l'ombre. Il n'a point
cherché où commence la tyrannie, où finit
le pouvoir légitime, nécessaire au maintien
de toute société humaine ; il n'a rien dit
qui pût nous aider à entrevoir en quel moment, de quelle façon la juste obéissance
qu'une créature raisonnable peut comprendre et souffrir perd son nom pour prendre
le nom honteux de servitude. En un mot,
il soulève plus de questions qu'il n'en ré-
sout, et en agitant avec une éloquence si
brûlante ce triste sujet de méditation pour
les plus nobles intelligences, il nous instruit
moins qu'il ne nous oblige à penser. Fran-
chissons donc les bornes un peu étroites
de ce discours et cherchons nous-mêmes
ce que c'est véritablement que la servitude, à quoi on peut la reconnaître et
d'où elle vient.

II

SI la servitude n'était fondée, comme la Boétie paraît le croire, que sur l'abétissement du grand nombre et sur l'intérêt personnel des malhonnêtes gens, groupés autour d'un pouvoir despotique, elle n'aurait aucune chance de durée, et on ne la verrait jamais longtemps abaisser et ravager un peuple. Elle a des fondements plus solides, et si l'on étudie de près ce qui la soutient, on découvrira, comme il arrive le plus souvent, une parcelle de justice et de vérité qui prête sa force à un échafaudage de mensonges. Rien de complétement faux et d'absolument mauvais ne peut se soutenir dans le monde, et c'est dans un mélange, à la vérité fort inégal, de mal et de bien qu'il faut chercher la raison de tout fléau qui dure. L'obéissance est la condition inévitable et l'indispensable lien de toutes les sociétés humaines ; c'est cette obéissance juste et nécessaire qui, altérée dans ses traits essentiels et détournée de son but légitime, devient la servitude. Mais alors même que cette obéissance est ainsi gâtée et déshonorée, alors même qu'elle a changé de nom aux yeux de tous ceux qui pensent, elle n'en garde pas moins une partie de sa vertu parce qu'alors même on la sent nécessaire et qu'on ne peut songer à s'en passer. L'art de la tyrannie consiste à confondre cette obéissance avec la servitude au point que les deux choses paraissent n'en faire plus qu'une seule et que le vulgaire devienne incapable de les distinguer.

Les gens sages ne s'y trompent pas aussi aisément que le vulgaire, mais ils peuvent désespérer de séparer deux choses si adroitement mêlées; et s'ils ne voient aucun moyen de rendre à l'obéissance, sans laquelle la société ne peut vivre, sa noblesse et sa pureté naturelles, les plus honnêtes d'entre eux peuvent être tentés de l'endurer sous la forme mensongère et pesante qu'on lui a donnée, plutôt que d'ébranler inutilement tout l'État. C'est ce genre de résignation qui s'est appelé dans tous les temps et dans toutes les langues, *préférer la servitude à l'anarchie;* et cette expression si familière n'exprime pas autre chose qu'un certain désespoir de dégager l'obéissance raisonnable et nécessaire de l'obéissance déréglée et honteuse avec laquelle on l'a trop habilement confondue. Ce désespoir, ou si l'on veut, cette défiance d'eux-mêmes et de la fortune, poussée jusqu'à la résignation, que les honnêtes gens peuvent ressentir, est donc le fondement véritable de toute tyrannie qui subsiste un certain temps sur la terre. Elle ne se soutient, comme la Boétie l'a clairement vu, que si

on l'endure; mais on ne l'endure que par
le désespoir d'y porter remède, ou, ce qui
revient au même, par la crainte d'encourir
un mal plus grand encore en essayant
de s'en affranchir. Et ceux qui aiment à
réfléchir peuvent comprendre ici, sans
qu'il soit besoin de s'y arrêter, pourquoi
la servitude ne peut guère être accompagnée, chez les peuples qui l'endurent,
d'aucune générosité de sentiment, d'aucun
bel effort de génie ou de vertu, pourquoi
il y a une guerre secrète et perpétuelle
entre elle et tout ce qui élève ou enhardit
le cœur de l'homme : c'est qu'elle provient
avant tout du découragement de l'âme
humaine, de l'impuissance que l'âme se
reconnaît ou se suppose, et que par là elle
tient de près aux idées et aux sentiments
les plus propres à nous énerver et à nous
alanguir.

J'ai dit sur quoi repose la servitude et
dans quel sens elle mérite, en effet, le nom
de volontaire. En quoi cependant consiste

t-elle elle-même! A quel moment peut-on
dire qu'elle existe, à quel signe peut-on
reconnaître que la limite de l'obéissance
raisonnable est franchie et qu'une société
humaine, détournée du droit chemin par
les événements ou par une main coupable,
a fait le premier pas vers les tristes et mal-
saines régions de l'esclavage? Cette limite
qui sépare l'obéissance nécessaire et légitime de la servitude est variable, selon les
lieux et les temps, selon l'état des sociétés
qui ont besoin de plus ou moins de discipline pour se soutenir, selon l'état des
âmes qui peuvent accorder plus ou moins
d'obéissance sans s'abaisser. Ne croyez
point cependant vous échapper par ce
chemin, apologistes de la servitude, en
vous écriant que cette concession suffit,
qu'il est des sociétés où ce que nous entendons par despotisme est nécessaire, et que
ce mot même est vide de sens puisqu'il
peut s'appliquer à des états tout différents.
Oui, la limite de l'obéissance légitime est

variable, et ce qui pourrait être servitude à Paris ou à Londres pourrait ne point l'être à Constantinople ou à Ispahan ; mais si cette limite est variable, on n'en est que plus certain de la bien connaître où l'on se trouve, et par sa flexibilité même elle échappe à ces chances d'erreur que les règles trop absolues ne peuvent guère éviter. Du reste, cette flexibilité n'exclut pas toute règle, et il est des signes constants auxquels la servitude peut se reconnaître. On peut dire qu'elle existe lorsqu'un peuple est tenu éloigné du degré de liberté dont il est évidemment capable, ou mieux encore lorsqu'il est privé de la liberté dont il a joui pendant un temps assez long d'une façon régulière. Il est certain, par exemple, qu'en se refusant à l'extension des priviléges du Parlement aussi bien qu'au maintien de quelques-uns de ses anciens droits, Charles Ier tendait doublement à mettre le peuple anglais en servitude, et que la révolution qui l'a renversé fut légitime. Il est plus évident encore qu'en « donnant congé, » selon l'expression admirable de La Boétie, « aux lois et à la liberté, » c'est-à-dire en confondant dans leur main tous les pouvoirs, en se déclarant tribuns perpétuels du peuple, en présentant leurs candidats aux fonctions consulaires et en faisant des comices une formalité vaine, César et Auguste ont efficacement, et pour toujours, réduit le peuple romain en servitude.

Mais j'entends déjà qu'on triomphe de ce dernier exemple et qu'on s'écrie : Si ce changement d'état était nécessaire chez le peuple romain, comme il peut l'être pour d'autres, pourquoi le déplorer comme un malheur, pourquoi le reprocher comme un crime à ceux qui l'ont accompli ! Pourquoi parler de tyran et de servitude ! — Je demanderai à mon tour pourquoi les choses inévitables changeraient de nom et de valeur parce qu'elles sont inévitables, et pourquoi l'asservissement d'un peuple cesserait d'être un malheur et un crime parce que ses fautes, ses discordes, sa mollesse, l'ont irrévocablement jeté sur cette funeste pente et l'ont précipité vers cet abîme. Ni le peuple qui s'est mis dans cet état de souffrir et parfois d'invoquer comme un bien relatif un mal profond et incurable, ni les hommes qui ont été choisis par la destinée ou qui se sont sentis appelés par leur perversité naturelle à inoculer ce poison à leur patrie, ne sont innocents et encore moins recommandables, par cela seul que les uns et les autres se sont laissés aller au courant qui les poussait tous ensemble. On voit et il se passe sur la vaste scène du monde bien des choses inévitables dont la nécessité ne peut atténuer la laideur : la servitude est de ce nombre et aussi le tyran qui doit paraître en même temps qu'elle ; il n'y a point cependant de servitude honorable ni de tyran innocent, et de tels mots ne s'accorderont jamais dans les langues humaines. Nulle société ne s'est encore passée de supplices ; qui a jamais mis sa gloire à être bourreau ? Je ne sais s'il faut ajouter foi aux prédictions flatteuses qu'on nous prodigue sur l'avenir de notre race ; je ne sais si nos descendants jouiront, comme on l'assure, d'une paix profonde et d'une inviolable liberté répandues sur toute la terre, mais aussi longtemps que le monde verra ce qu'il a toujours vu depuis qu'il existe : des États se former et périr, des sociétés se civiliser et se corrompre, des peuples s'élever à la liberté, s'y maintenir un certain temps, puis s'abîmer dans la servitude, on aura beau remarquer ou prétendre qu'une loi supérieure à tous nos efforts provoque périodiquement et ordonne ces décadences, il sera toujours beau de s'en défendre, coupable d'en profiter, honteux d'y concourir. Ne nous est-il pas aussi ordonné à tous de mourir un jour ? ne devons-nous pas tous retourner en poussière ? Et cependant le mal qui termine notre vie est un fléau, et celui de nos semblables qui nous l'arrache un meurtrier.

Être tenu éloigné de la liberté dont on est capable ou privé de celle dont on a joui, voilà donc les signes constants de la servitude; mais afin qu'il ne subsiste aucune obscurité dans ces sortes de choses et que notre mollesse n'ait point d'excuse, un signe intérieur nous a été donné qui nous avertit, à ne pouvoir nous y méprendre, de notre état de servitude. C'est l'humiliation que nous ressentons en accordant à notre semblable plus d'obéissance qu'il ne lui en est dû selon l'ordre de la nature et de la raison. Cette humiliation intérieure est pour ainsi dire d'ordre divin, en ce sens qu'elle est inévitable et involontaire, et que l'homme le plus dévoré de la passion de servir sait qu'il sert, et se méprise au dedans de lui-même presque autant qu'il le mérite. Enfin, cette honte instinctive est si bien le signe moral de la servitude, qu'elle suit la servitude à travers ses transformations les plus diverses, et est enfermée, comme elle, dans des limites variables selon les lieux et les temps. Un honnête homme de la cour de notre roi Louis XIV pouvait, par exemple, ne point se sentir humilié de certains actes de déférence que le plus vil courtisan de nos jours hésiterait à remplir envers le plus adulé des souverains modernes ; d'un autre côté, ce Français du dix-septième siècle n'aurait pu supporter l'idée de témoigner à ce grand roi le respect abject en usage chez les Mèdes et les Perses. Cette humiliation intérieure est donc variable comme la servitude, et elle avertit que la servitude existe parce qu'elle ne paraît dans l'âme que si l'acte commis est réellement servile par rapport au lieu et au temps qui le voient se produire ; mais rien alors ne peut l'empêcher de paraître et de crier à la conscience de l'homme qu'il est esclave et qu'il se résigne à l'être. Cette voix de la dignité humaine mortellement blessée s'entend plus aisément que jamais si la servitude est nouvelle et si le souvenir d'un état meilleur est récent, parce que la comparaison, impossible à éviter entre le présent et un passé si voisin, rappelle sans cesse à l'homme qu'il sert et qu'il est honteux de servir. Plus la servitude est donc incontestable et réelle, plus cette humiliation, qui en est le signe, est importune et vive, plus il est interdit à l'homme de s'y méprendre ou de l'oublier. En général, loin de lui donner le désir d'être meilleur, cette humiliation constante le rend pire; car une fois que l'homme a de bonnes raisons pour se mépriser lui-même et qu'il en prend son parti, il devient capable de tout. La Boétie a donc bien fait de remarquer que la servitude nouvellement établie devenait aisément la pire de toutes, et qu'en ce genre de chute on tombe d'autant plus lourdement qu'on tombe de plus haut.

Ne perdons point de vue cette limite variable de la servitude, et accoutumons-nous à ne point regarder la tyrannie comme inséparable de ces images violentes et grossières dont les mœurs des anciens, le peu d'étendue et le peu d'unité de leurs États l'avaient entourée. La femme de bois et de clous de Nabis qui meurtrissait en les serrant dans ses bras les plus riches citoyens de Sparte asservie jusqu'à ce qu'ils eussent fait l'abandon de leur fortune, serait un meuble fort inutile dans les temps modernes où la collection régulière et savante des impôts peut suffire à tous les besoins du maître. L'arbitraire des exécutions dans l'ancienne Rome, les ordres de mort envoyés par le prince, le centurion et son glaive, la lancette du médecin grec et l'effusion volontaire du sang dans l'eau tiède sont des vieilleries bonnes pour ces temps inhabiles où la puissance souveraine devait suppléer par la terreur à l'imperfection des instruments, où l'on ne connaissait pas l'art devenu vulgaire de tout embrasser, de tout contenir, de tout courber, d'étendre sur tous et partout comme un réseau vivant d'autorité.

Bien plus, une société peut n'être en proie ni au meurtre, ni au pillage, les droits de chacun peuvent être même jusqu'à un certain point respectés, et cette société peut cependant par la violation évidente du droit de tous, être réduite et maintenue en servitude. Prenons un exemple qui nous soit familier et considérons un instant l'Angleterre. Deux sortes de droits y existent aujourd'hui et s'y appliquent sans être contestés par personne. Le premier, que j'appellerais volontiers le droit personnel, consiste en ce point, que chaque Anglais a des garanties fortes et nombreuses de n'être lésé par le pouvoir ni dans ses biens ni dans sa personne; le second, qui mérite le nom de droit national, consiste en ceci, que le peuple anglais décide souverainement, par le moyen de son Parlement et des ministres qui en dépendent, de la politique extérieure et intérieure du pays. N'est-il pas aisé de concevoir et d'imaginer un concours de circonstances qui, sans porter atteinte aux

droits personnels de chaque Anglais, les
priverait tous ensemble de leur droit national? Ne peut-on supposer un nouvel état
de choses où leurs ministres ne relèveraient
plus de leurs assemblées, où la décision en
temps opportun de leurs plus grandes affaires serait enlevée à leur parlement, où ce
Parlement enfin, atteint dans sa formation
par l'intervention excessive et prépondé-
rante du pouvoir central, ne serait plus que
l'ombre de lui-même? Certes, l'Angleterre,
après ce grand changement, ne ressemble-
rait pas tout d'un coup à l'ancienne Rome
ou à la Syracuse de Denis le Tyran. On
pourrait y vivre avec sécurité, y trafiquer
avec liberté, y jouir de ses biens, les échan-
ger, les transmettre; on pourrait même
parler de temps à autre de la marche des
affaires publiques et s'en plaindre, faire
même semblant d'élire et semblant de discuter; mais l'histoire qui va au fond des
choses, et qui ne se paye pas de mots, dirait
qu'à partir de tel jour la mesure d'obéissance

que le peuple anglais devait à son gouverne-
ment a été franchie, en d'autres termes que
l'Angleterre a été ce jour-là réduite en servitude, et le cœur humilié de chaque Anglais le
lui dirait à lui-même avec cette insistance et
cette clarté dont nous parlions tout à l'heure.

Il suffit maintenant que cette tyrannie
existe, ou, si l'on veut, que cette suppres-
sion d'une liberté capitale de fait et de
droit ait été accomplie, pour qu'aussitôt on
retrouve dans la société qui aurait éprouvé
ce malheur tous les caractères que La Boétie a reconnus et signalés dans l'état de servitude. C'est une éternelle vérité que l'image
de cette chaîne, rattachant au tyran tous
ceux qui y participent à son pouvoir et en
profitent, depuis le plus arrogant jusqu'au
moins redouté ; c'est une vérité que les pires
sont tout d'abord attirés vers lui comme
les humeurs du corps autour d'une plaie
qui le dévore ; c'est une vérité que la foule
ignorante est portée à l'aimer en raison de
son despotisme même, et à faire de son pou-

voir illimité le centre unique de ces espérances sans bornes et de ce vague désir du
mieux qui couvent toujours au sein des
multitudes; c'est une vérité qu'un tel ré-
gime est favorable à tous les genres de
plaisirs qui peuvent distraire les hommes
de leurs devoirs envers eux-mêmes ; c'est
enfin une éternelle vérité (et la plus honorable pour la nature humaine) que ceux qui
se refusent à ces distractions vaines et qui
ne se laissent point aller à ce joyeux délire,
sont suspects, comme ceux dont la pâleur
déplaisait à César, de chercher à garder la
dignité de leur âme et de regretter la liberté perdue.

Quiconque a exprimé avec bonheur une
de ces vérités qui ne changent point et que
chaque pas de l'humanité confirme, est as-
suré de vivre dans la mémoire de notre
race, et mérite en effet de n'y point mourir. La Boétie était un savant et ardent
ami de l'antiquité, un poëte aimable et souvent énergique; il a fait de beaux vers, il a

traduit, avec une grâce digne d'Amyot, l'*É-conomique*, de Xénophon, la *Ménagerie* comme il l'appelle d'un nom heureux et juste que nous aurions dû garder ; rien de tout cela cependant ne l'aurait fait vivre à travers le temps. Mais Montaigne a écrit sur lui un chapitre des *Essais*, lui-même il a écrit la *Servitude volontaire*, et le voilà immortel, car son nom est étroitement uni aux mots d'amitié et de liberté, mots divins que rien n'effacera du langage des hommes.

PASCAL

PASCAL

I

Nier, croire et douter sont à l'homme ce que le courir est au cheval, dit quelque part Pascal, au milieu de cette brillante poussière de pensées si longtemps inédites, que son manuscrit, lu avec attention et publié avec un religieux respect, a rendues depuis une vingtaine d'années à la lumière.

Ce n'est donc pas un spectacle rare que de voir l'homme nier, douter ou croire, et passer à travers ces divers états avec un grand trouble d'esprit et de cruelles angoisses du cœur. Il n'est pas non plus extraordinaire de voir l'homme, arriver par cette incertitude ou par ses efforts pour la fuir, et par la croyance même dans laquelle il veut se reposer, à une mélancolie profonde, à un amer dégoût de tous les biens de la vie, au désir ardent et inquiet d'une félicité inconnue, sans mesure, comme sans fin. Il se détourne alors de tous les plaisirs, il méprise les plus humbles, il reste froid devant les plus doux, il se défie des plus nobles ; rien ne saurait plus le tenter ni lui plaire, excepté ce qu'il ne lui est permis ni de voir, ni d'atteindre en ce monde, et il se compare lui-même, avec raison, à un cerf qui languirait altéré au milieu de ses pâturages, écoutant le murmure d'une eau lointaine et brûlant de s'abreuver à une source invisible.

Combien d'hommes avant et après Pascal ont ainsi détourné leurs regards de la terre, depuis ces religieux de l'Inde, épris, bien des siècles avant le Christ, de solitude et de silence, de mortifications et de supplices, jusqu'à ceux de nos contemporains qui cherchent encore loin du bruit la liberté de souffrir et de prier! Mais de même que dans le chœur de la tragédie antique quelqu'un parlait au nom de la foule, les sentiments universels et éternels de l'humanité trouvent dans quelques hommes des interprètes si accomplis ou si touchants, qu'ils semblent avoir parlé pour tout le monde; et chacun de ceux qu'une pensée semblable anime reconnaît dans leur parole la claire et forte expression de ce qui s'agite confusément en son âme. Ce n'est jamais sans quelque juste cause qu'un homme devient ainsi la voix de la foule; et si pour nous, Français, Pascal représente, mieux que tout autre, ceux de nos semblables qui, tourmentés par le problème de la vie, l'ont résolu en méprisant la vie et en aspirant au ciel, les raisons ne manquent pas pour assurer à son nom cette gloire douloureuse. Il a éprouvé plus qu'aucun de ses semblables, peut-être, le supplice de l'incertitude ; il a voulu plus ardemment qu'aucun de nous savoir le dernier mot de la destinée humaine, et c'est l'intensité même de ce désir, devenu une angoisse, qui est le ressort de son éloquence. Venu dans un temps où notre langue allait toucher à sa perfection, il a contribué à la rendre parfaite, et la forte originalité de l'expression vient en aide, pour faire durer ses écrits, ébauchés et mutilés, à l'éternel intérêt de la pensée. Enfin ce jeune homme avait reçu en naissant des dons si beaux et si rares, il était armé d'un génie si pénétrant, que l'admiration, en le considérant, allait jusqu'à l'épouvante, et nul ne peut dire jusqu'où il se fût avancé dans l'ordre des sciences humaines, s'il ne s'était, dès le premier

pas, arrêté et perdu dans la contemplation de l'infini. Le doute fui avec violence,
la foi embrassée avec une sorte de désespoir, les passions étouffées plutôt que con-
tenues, la gloire dédaignée à l'âge même
où l'on voudrait mourir pour elle, le génie sacrifié ou plutôt enfermé dans un seul
objet et uniquement voué au salut des
âmes, la hauteur du caractère et de l'esprit
faisant un continuel effort pour s'anéantir
devant la croix, une vie languissante et
mortifiée dans un corps débile, une mort
prématurée auprès d'une œuvre incomplète, voilà l'histoire de Pascal, histoire
plus émouvante que si elle était remplie
d'événements extraordinaires, et digne
d'occuper un rang élevé dans les annales
humaines, puisqu'elle est entièrement com-
posée de ce genre particulier d'inquiétudes
et de douleurs qui fait la dignité de notre
nature, par cela même qu'il n'a rien à dé-
mêler avec les intérêts ici-bas.

Comment raconter une telle vie après

l'inimitable récit que la sœur même de Pascal en a laissé ? La simplicité de ces pages vraiment chrétiennes est ce qui convient le mieux à ce grand homme. Quel spectacle que celui de cet enfant, questionneur opiniâtre et ingénieux à l'âge où l'on balbutie encore, habile à discerner les défaites et refusant d'en prendre son parti, vraiment né pour savoir et déjà incapable de s'arrêter en dehors de la vérité, ni de se reposer ailleurs qu'en pleine lumière ! Écarté de la géométrie, on sait comment il l'invente; on sait ses découvertes solitaires, les larmes silencieuses de son père, effrayé et ravi de ce prodige, le conseil du bon M. le Palleur, qui « ne trouvait pas juste de captiver cet esprit et de lui cacher cette connaissance. » On le laisse donc se plonger dans ces sciences si belles par leur certitude, et il y jouit librement de la vérité qu'il avait ardemment recherchée. Mais dès sa vingt-quatrième année il dit adieu aux sciences, et, touché d'une cu-

riosité plus haute, il poursuit la vérité par
un chemin moins facile; il croit la saisir
tout d'abord, il l'embrasse avec une ardeur qu'il répand autour de lui. Son
père, déjà chrétien, reçoit de son fils des
leçons d'austérité; sa sœur entre à Port-
Royal; tous ceux qui l'approchent sont
échauffés du feu qui le consume.

Cependant les infirmités l'avaient assiégé
dès sa jeunesse, et, depuis l'âge de dix-huit
ans, il n'avait pas connu un seul jour sans
douleur. L'excès même de ses maux, l'ordre des médecins qui intéressent sa conscience à la conservation de sa vie, le font
glisser dans le monde, et il ne tarde guère
à trouver quelque douceur dans les devoirs
et dans les agréments de la société humaine. On ne peut guère douter que son
cœur ne fût ému, qu'il n'ait senti le plaisir
et la douleur d'aimer, qu'il n'ait enfin
joui et souffert pendant un temps bien
court de ce qui occupe longtemps la plupart des hommes. Est-il besoin de se de-

mander ce qui le ramena brusquement à
de plus hautes pensées, à la grande et
unique affaire de sa vie ? Est-ce un acci-
dent auquel il échappa par une sorte de
miracle ? Est-ce cette nuit d'extase dont il
écrivit et conserva toujours, cousu dans
son habit, le singulier témoignage ? Est-ce
enfin la pieuse influence et l'exhortation
de cette même sœur, qu'il avait lui-même
poussée hors du monde et enflammée de l'a-
mour divin ? Ce fut tout cela peut-être, mais
ce fut avant tout l'irrésistible mouvement
de son propre cœur, l'obsession du grand
problème de la vie future, l'impossibilité
de s'en divertir par les objets ordinaires
de l'activité ou de la frivolité humaine,
l'irrémédiable dégoût de tout ce qui n'était
pas Dieu. Il abandonne donc tout ce qui
n'est pas lui et va le chercher dans la retraite.

Dès lors commence une vie de méditations, d'austérités et de souffrances, le
plus souvent imposées par la nature, mais
acceptées par la volonté et presque savou-

rées par la foi. Qu'il parle, qu'il prie, qu'il écrive, qu'il s'entretienne avec quelques amis touchés de la même passion des choses divines, il n'a plus qu'un sentiment et qu'une pensée : l'avenir de l'homme au délà de ce monde, la façon de s'y préparer et le néant de tout le reste. S'il s'oublie un instant hors de cette idée, ou s'il sent s'élever en lui quelque fierté de l'avoir et de la communiquer aux autres, s'il prend plaisir à la louange, s'il s'enivre parfois de sa propre parole, une ceinture de fer lui rappelle, par ses morsures cachées, le peu qu'il est et ce qu'il a résolu. Son désir ardent de béatitude, ses angoisses pour le salut n'ont pourtant rien d'égoïste ; il plaint les autres à l'égal de lui-même, il voudrait les sauver des souffrances du doute, des périls mystérieux de l'autre vie, et comme on s'accorde à louer la force merveilleuse qu'il a reçue du ciel pour pénétrer les esprits et pour remuer les cœurs, il entreprend un grand ouvrage

afin de conduire au repos de la foi ceux
qui languissent dans le monde, ou, ce qui
est pire, qui s'y trouvent heureux. Il veut
dit-il, les tirer d'un mal dont il a souffert
lui-même, mais l'effort qu'il fait pour les
en tirer laisse voir qu'il n'en est pas guéri.
Il écrit par charité pure ; écrivain vraiment unique au monde par son détachement à l'égard de son propre ouvrage et
par son mépris absolu de la gloire. Cependant ses maux augmentent ; toute application lui devient impossible, et ses dernières
années sont une perpétuelle agonie. Alors
redoublent son humilité, son détachement
de tout lien terrestre, son amour inquiet
et ingénu pour les pauvres, sa patience ou
plutôt son goût pour la douleur : « Ne me
plaignez point, dit-il ; la maladie est l'état
naturel des chrétiens, parce qu'on est par
là comme on devrait toujours être, dans
la souffrance des maux, dans la privation
de tous les biens et de tous les plaisirs
des sens, exempt de toutes les passions qui

travaillent pendant tout le cours de la vie, sans ambition, sans avarice, dans l'attente continuelle de la mort.... » Il s'éteignit plein de ces pensées.

Si nous considérons un moment cette courte existence au même point de vue que toutes les autres ; si, voulant y appliquer la règle habituelle de nos jugements, nous nous demandons quelle place y a tenue ce que nous appelons ordinairement le bonheur, nous trouvons à peine quelques instants heureux, dans cet étroit enchaînement de douleurs physiques et d'angoisses morales. Pascal fut heureux, sans doute, lorsque son jeune esprit, délivré des liens dans lesquels l'avait retenu une prudence excessive, put s'élancer dans les sciences exactes et y trouver une solide pâture. Il connut alors pendant un temps bien court, mais dans toute sa plénitude, le bonheur d'apprendre et de savoir, la joie ineffable de découvrir. Il fut heureux encore dans ces agitations variées du cœur, que son

Discours sur les passions de l'amour décrit et explique avec une admirable délicatesse. Certes, Pascal amoureux ne ces-
sait pas d'être chrétien et philosophe. Son
amour n'est pas un transport aveugle et
n'a rien de l'ivresse ; il ne va jamais jusqu'à empêcher ce moraliste involontaire de
s'étudier lui-même. Son esprit curieux suit
avec application les mouvements de son
âme, et sa pensée mélancolique trouve dans
les défaillances mêmes de l'amour un nouvel aliment. Il s'étonne que l'amour ne
puisse se soutenir toujours le même, qu'il
faille « reprendre des forces pour mieux
aimer ; » et il reconnaît « une misérable
suite de la nature humaine » dans ces las-
situdes inévitables du cœur. Néanmoins le
bonheur d'aimer et de souffrir en aimant
éclaire et échauffe ces pages éloquentes, qui
étaient si dignes d'échapper à l'oubli ; et,
par une juste compensation de la nature,
cette attention soutenue et perçante de la
pensée, cette merveilleuse délicatesse d'im-

pressions qui rendent un cœur si sensible
à toutes les imperfections de l'amour le
rendent aussi plus capable d'en apercevoir
et d'en goûter toutes les délices. Pascal
dut encore être heureux, ne fût-ce qu'un
jour, du succès éclatant des *Provinciales*;
non-seulement parce qu'il aimait avec
passion sa cause et ses amis, non-seulement parce qu'un tel polémiste ne pouvait, quoi qu'il fît, être tout à fait insensible au plaisir d'avoir porté un coup
si sûr et de voir chanceler l'adversaire,
mais parce que son ouvrage était vraiment
admirable et qu'il ne pouvait éviter de le
sentir. Il aimait en tout la perfection, et
c'est, nous dit sa sœur, « une des choses sur
lesquelles il s'examinait le plus que la fantaisie de vouloir exceller en tout, comme se
servir en toutes choses des meilleurs ouvriers et autres choses semblables. » Il disait souvent, par exemple, qu'il fallait servir les pauvres pauvrement, c'est-à-dire
chacun selon son pouvoir, sans grand des-

sein, sans *excellence*, comme nous dirions aujourd'hui sans prétention. Pourtant ce grand et délicat esprit était attiré et séduit plus qu'il ne voulait par l'excellence ; l'ouvrage bien fait dans tous les genres lui donnait malgré lui du plaisir, et la perfection des *Provinciales*, son ouvrage, ne pouvait manquer de chatouiller son cœur. Si l'on veut enfin tenir compte de tous ces instants de bonheur, qui peut dire combien de fois, au milieu même de ses plus dures austérités et de ses inquiétudes les plus vives, il a joui, à défaut d'autre plaisir, du plaisir de se combattre et de se vaincre, de s'immoler et de sentir tout le prix de son sacrifice ? « Quel mal vous arrivera-t-il en prenant ce parti ? » dit-il lui-même dans cette page saisissante où il presse l'incrédule de parier pour Dieu et pour l'autre vie : « Quel mal vous arrivera-t-il ? vous serez fidèle, honnête, humble, reconnaissant, bienfaisant, sincère, ami véritable. A la vérité, vous ne serez point dans les plaisirs empestés, dans la gloire, dans les délices : mais n'en aurez-vous point d'autres ? » Ce sont ces *autres* plaisirs mêlés à ses longues tristesses qu'on ne peut connaître, parce qu'ils sont restés entre Dieu et lui ; c'est un genre de compte qui ne se règle point ici-bas, et c'est le besoin instinctif de le voir régler un jour qui force l'homme à lever si souvent les yeux vers le ciel.

Mais ce qu'on voit de sa vie et surtout ce qu'il nous montre de lui-même toutes les fois qu'il décrit avec un accent si personnel et si vrai la nature de l'homme, permet de penser que la paix de l'esprit lui a été presque toujours étrangère, et que la foi même, à laquelle il s'attachait par un acte de volonté dans lequel on sent l'effort, était le plus souvent impuissante à calmer les troubles de son cœur. Cette instabilité des choses humaines, cette fragilité des attachements les plus nobles ou les plus doux, cette fuite perpétuelle de tout ce qui nous entoure et de nous-mêmes, dont les moralistes aiment à nous entretenir, sans en être toujours réellement émus, dont nous parlons souvent, tous tant que nous sommes, non point sans y croire, mais sans y penser assez fortement pour en souffrir, étaient pour Pascal d'une effrayante réalité ; bien que cette idée fût toujours présente à son esprit, elle ne fut jamais pour lui émoussée par l'habitude ; il la considérait toujours avec une émotion aussi vive et aussi profonde que si elle venait de l'assaillir, et toutes les fois qu'il l'exprime, c'est avec une anxiété si sincère, un désir si ardent de nous en pénétrer, qu'on croit le voir et l'entendre nous annonçant le néant du monde et nous suppliant d'en sortir, comme le prophète hébreu avertissait les habitants de Ninive de leur destruction inévitable et prochaine. Soit qu'il développe cette pensée en quelques pages, comme dans l'admirable *Écrit sur la conversion du pécheur*, soit qu'il la laisse

échapper comme une plainte ou comme un
cri de terreur devant « le silence éternel
de ces espaces infinis » qui nous entourent,
devant cet « univers muet » qui nous dévore et se dévore lui-même, il en est assiégé et tourmenté comme on le serait d'un
mal physique qui ne nous laisserait aucun
repos, et la tradition qui nous le montre
effrayé d'un abîme matériel et visible, toujours ouvert à ses côtés, nous donne l'i-
mage la plus fidèle et la plus sensible de
l'état de son âme. C'est cet état qu'il ne
pouvait endurer, et s'il voulait si opiniâ-
trément y amener les autres, c'était avec
l'espoir qu'ils le trouveraient comme lui
intolérable et qu'ils se demanderaient avec
angoisse par quel chemin on en peut sortir. « Je ne puis approuver, » dit-il au début de son grand ouvrage, « que ceux qui
cherchent en gémissant. » Ces deux mots
racontent sa vie ; il a cherché en gémissant, voyons ce qu'il a trouvé.

II

IEN ne ressemble plus à des ruines que les matériaux de quelque vaste édifice, s'ils sont restés épars sur le sol, et l'œil contemple avec la même tristesse ce que l'homme n'a pas achevé et ce que le temps a détruit. Cette grande apologie de la religion chrétienne que Pascal avait conçue et qu'il avait commencé d'écrire nous offre à peu près le même aspect dans les éditions fidèles qu'on en a publiées de nos jours, que si un antique manuscrit, à moitié consumé ou imparfaitement déchiffré, n'en avait livré que quelques fragments à la curiosité humaine. Ces chapitres ébauchés, ces développements à peine entamés, ces sentences incomplètes, dont parfois le sens même nous fuit, semblable à des portiques élégants, mais sans issue, à des degrés superbes qui ne conduiraient nulle part, paraissent d'abord avoir échappé à une destruction qui nous aurait dérobé la plus grande partie de ce bel ouvrage; mais la répétition incessante des mêmes idées, sous des formes différentes, mille essais divers dont la trace est sous nos yeux, suffiraient, à défaut d'autre indice, pour nous apprendre que, loin d'avoir pu assembler ces matériaux, l'auteur n'a pas même eu le temps de les choisir. Voulait-il écrire une exposition régulière de sa doctrine, ou nous donner le spectacle d'une discussion pressante? Serait-ce une suite de dialogues, un échange de lettres? Pascal n'avait encore rien décidé à cet égard, et dans plus d'une note rapide, on le voit délibérant avec lui-même sur la forme qui pourrait le mieux convenir à sa pensée.

Mais sur le fond même de cette pensée,

c'est-à-dire sur la méthode à suivre pour prouver la vérité de la religion chrétienne, il n'avait aucune incertitude, et son ouvrage eût été achevé jusqu'à la dernière ligne, il eût été conduit jusqu'à cette perfection, jusqu'à cette *excellence* que Pascal ne pouvait s'empêcher d'aimer, que nous n'aurions pu y trouver sur ce point de plus vives lumières. C'est parce que la pensée de Pascal est évidente, c'est parce que son plan est aussi clair qu'inflexible, c'est parce que tous les fragments, toutes les phrases, tous les mots sortis de sa plume peuvent prendre place dans sa méthode de démonstration et la confirment, que Pascal occupe un rang si original et si élevé parmi les apologistes de la religion chrétienne. Cet impérieux esprit, saisi, au milieu des sciences exactes et naturelles, de l'amour de la religion et de la passion de la répandre, a voulu simplement appliquer à la démonstration de la vérité du christianisme la méthode en usage pour les démonstrations scientifiques, et ne laisser, s'il était possible, pas plus d'échappatoires à l'esprit de l'homme pour éviter de croire au christianisme que nous n'en aurions aujourd'hui, par exemple, pour refuser notre créance au mouvement de la terre. Il a donc voulu donner au christianisme, dans la science de l'homme, le rôle que joue l'hypothèse dans les démonstrations de la science appliquée à l'étude de la nature; c'est-à-dire rassembler un certain nombre de faits incontestables, et, notre assentiment sur l'existence de ces faits une fois obtenu, nous démontrer non seulement que le christianisme rend raison de tous ces faits, mais qu'il peut seul en rendre raison, et que, si la religion chrétienne n'était pas vraie, il serait impossible de les expliquer.

Pour comprendre la force à peu près invincible de ce genre de démonstration lorsqu'on l'emploie dans les sciences qui le comportent, il suffit de songer au lé-

gitime crédit dont l'hypothèse de l'attraction, par exemple, jouit aujourd'hui parmi
les hommes. Personne n'a vu ou touché
l'attraction, et la cause de ce phénomène est un mystère aussi impénétrable
que tous ceux qu'on peut proposer à
l'esprit de l'homme : mais lorsque depuis
la pierre qui roule sous nos pieds, depuis l'eau du ruisseau qui s'écoule, depuis
le grain de sable qui glisse entre nos
doigts pour tomber sur la terre, jusqu'à
ces parcours immenses des corps célestes
qui modifient à nos yeux la face du ciel,
tout est expliqué par cette hypothèse que
les corps s'attirent avec une force déterminée par leur masse et par leur distance;
lorsqu'à l'aide de cette hypothèse la marche
du monde visible devient lumineuse et
simple, au point d'être comprise par un
enfant, tandis que, sans elle, les mouvements grands ou petits de la matière n'of-
friraient aux regards du plus puissant génie
qu'un inextricable chaos ; lorsque enfin cette

hypothèse, après avoir inondé tout ce que
nous voyons de sa vive lumière, permet à
notre pensée de devancer nos yeux, d'annoncer le retour de certains astres à des
époques fixées, bien plus, d'en découvrir
d'autres sans les voir, par le trouble qu'ils
apportent dans la marche de leurs voisins,
de prendre ce trouble même pour fondement de nos calculs et de décrire la masse,
le poids et la vitesse de ces hôtes encore
invisibles des cieux, en attendant l'heure
inévitable où ils paraissent enfin pour nous
donner raison ; lorsque la preuve se fait
ainsi tous les jours, lorsque la vérité jaillit
ainsi de toutes parts, il est impossible que
l'esprit humain se refuse à un degré de
probabilité si voisin de la certitude et ne
convienne avec lui-même, non sans quelque fierté, qu'il a saisi et qu'il possède un
des premiers ressorts et une des suprêmes
lois de ce vaste univers. Voilà le genre
d'évidence que la touchante ambition de
Pascal a rêvé pour la religion chrétienne ;

voilà le degré de conviction auquel son ardente charité désirait nous conduire.

Il fait donc pour la théologie quelque chose d'analogue à ce que Socrate avait coutume de faire pour la philosophie; il la rappelle sur la terre et veut lui donner pour fondement solide des faits constatés dans la nature même de l'homme. Car, si ces faits sont admis, si le christianisme les explique tous, et si lui seul peut les expliquer, comment la religion chrétienne, devenue ainsi la clef du monde moral, le dernier mot de la nature humaine, ne serait-elle pas la religion véritable? « Pour entrer dans ce dessein, » dit Étienne Périer, en rapportant le discours où Pascal exposait à ses amis le plan de son ouvrage, « il commença par une peinture de l'homme, et il n'oublia rien de tout ce qui pouvait le faire connaître et au dedans et au dehors de lui-même jusqu'aux plus secrets mouvements de son cœur. » Voilà comment Pascal devient par nécessité un moraliste. Il lui faut bien peindre l'homme, afin de nous prouver que l'homme est une énigme parfaitement close et inexplicable par toute autre hypothèse que la vérité de la religion chrétienne. Plus la nature de l'homme sera donc singulière, pleine de contradictions étranges, inintelligible à la seule raison, plus sera évidente et mieux sera reçue la seule vérité qui l'explique. Plus profonde sera l'obscurité, plus vive et plus bienfaisante nous paraîtra la lumière. Pascal se plaît donc à nous confondre d'abord par le spectacle des contradictions de notre nature, et par notre impuissance à les concilier dans une théorie de l'homme et du monde qui soit agréable à notre intelligence. C'est cet effort soutenu de Pascal pour nous enfermer dans ce dédale et pour nous pousser ainsi au christianisme comme à la seule issue qui reste à notre désespoir, en attendant que nous l'acceptions avec joie comme un chemin lumineux ouvert à notre espérance, c'est cette

méthode inflexible de Pascal que Vauvenargues condamnait plus tard avec toute la
fougue de la jeunesse. « Il n'y a point de
contradiction dans la nature, s'écriait-il;
les faux philosophes s'efforcent d'attirer
l'attention des hommes en faisant remarquer dans notre esprit des contrariétés et
des difficultés qu'ils forment eux-mêmes...
Ceux qui nouent ainsi les choses pour
avoir le mérite de les dénouer sont des
charlatans de morale. » Vauvenargues res-
pirait l'air du dix-huitième siècle; il ignorait jusqu'à quel point Pascal était sincère,
avec quelle émotion il se considérait lui-
même comme une énigme inexplicable,
comme un problème insoluble autrement
que par la vérité de la religion.

Entrons avec Pascal dans cette exposition si rapide et si pressante des contrariétés de la nature humaine, et laissons-le
de bonne foi nous étonner sur nous-mêmes. L'indifférence du plus grand nombre
à ces questions redoutables, cette façon

aisée de vivre et cette imprévoyance à deux pas de la mort, sans autre barrière contre le néant ou contre la colère d'un Dieu offensé que la possession si précaire de la vie, sont pour Pascal les premières marques d'un aveuglement surnaturel. N'est-ce pas un état d'esprit que le bon sens condamne, que la raison seule n'explique pas? Qu'est-ce donc lorsqu'on voit des hommes fiers de cette ignorance sur leur avenir, fiers de cette indifférence même, et faisant les braves contre un Dieu qui peut exister, après tout, pour ceux qui ne se soucient point de le connaître ou qui le blasphèment, comme pour ceux qui le contemplent et l'adorent? Douter sans chercher et s'enorgueillir de son doute, est-il un état plus misérable? Mais « l'homme est si dénaturé qu'il y a dans son cœur une semence de joie en cela. » Cependant il aime mieux ne point songer à ce grand problème, et, pour éviter de se voir lui-même, il a imaginé de se divertir. Le jeu, la chasse, l'ambition, la politique, autant de *divertissements*. C'est la misère de l'homme qui a fondé tout cela, et tout cela ne l'a point guéri de sa misère.

D'ailleurs l'illusion qui nous possède sur le plus grand de nos intérêts n'est qu'une des illusions dont nous sommes assiégés. Tout autour de nous est mensonge, vain appareil cachant mal le défaut de réalité, conventions hypocrites, ou, comme le dit Pascal dans son énergique langage, *puissances trompeuses*. C'est faute de vraie science et de vraie justice que la science et la justice recherchent d'instinct la pompe et s'attaquent à l'imagination de l'homme; tout l'ordre du monde repose sur de mutuelles tromperies passées en coutume. « L'homme n'est que déguisement, que mensonge et hypocrisie, et en soi-même et à l'égard des autres. Il ne veut pas qu'on lui dise la vérité; il évite de la dire aux autres, et toutes ces dispositions, si éloignées de la

justice et de la raison, ont une racine naturelle dans son cœur. » Comment croire,
en outre, que nous puissions atteindre le
vrai, attachés ou plutôt égarés comme
nous le sommes dans un petit coin de
cette terre, lorsque « tout le monde visible
n'est qu'un trait dans l'ample sein de la
nature ! » Suspendu entre les deux abîmes
de l'infini et du néant, hors d'état de
saisir l'extrême grandeur et l'extrême petitesse, l'homme est tenu par sa *dispro-
portion* même à distance de la réalité.
Qu'importe qu'il en sache un peu plus ou
un peu moins, qu'il prenne les choses d'un
peu plus haut ou d'un peu plus bas, il est
toujours à une distance infinie de l'extrémité des choses ; leur fin et leur principe lui
échappent également, il est toujours déçu.

Cependant cet état qui nous est naturel est contraire à notre inclination véritable. Nous voulons savoir, et savoir
avec certitude. « Nous brûlons du désir
de trouver une assiette ferme et une der-

nière base constante pour y édifier une tour qui s'élève à l'infini; mais tout notre fondement craque et la terre s'ouvre jusqu'aux abîmes. » Impuissance de connaître et besoin de savoir, ce n'est encore qu'une partie de notre grandeur et de notre misère. Pascal relève bien d'autres traits de cet éternel conflit qu'il veut nous montrer en nous-mêmes. C'est une grandeur, après tout, que de se sentir misérable; une maison ruinée, un arbre abattu ne se sentent pas misérables. Nos misères sont des misères de grand seigneur, de roi dépossédé. Elle nous tiennent à la gorge, mais elles ne peuvent réprimer en nous un instinct qui nous élève. « L'homme n'est qu'un roseau, et le plus faible de la nature, mais c'est un roseau pensant.... » On ne peut abréger, on ne peut que citer ces pages saisissantes de Pascal sur la grandeur et la misère de l'homme. Il les a pour ainsi dire résumées lui-même en disant : « S'il se vante, je l'abaisse; s'il s'abaisse, je le vante, et le contredis toujours jusqu'à ce qu'il comprenne qu'il est un monstre incompréhensible. »

Voilà le problème posé, voilà la nature contradictoire de l'homme dévoilée : que nous en disent les philosophes? Ils n'en voient que l'une ou l'autre face; ils tombent et nous entraînent avec eux de l'un ou de l'autre côté. « Les uns, dit Pascal, ont voulu renoncer aux passions et devenir Dieu, les autres renoncer à la raison et devenir brute. » Mais la vertu des stoïciens n'est qu'un « mouvement fiévreux que la santé ne peut imiter. » Quant aux autres, qui nous disent de chercher le bonheur en nous divertissant, ils nous trompent : « Les maladies viennent. » Même guerre entre les sceptiques et les dogmatiques, et des deux côtés même erreur. « Nous avons une impuissance à prouver invincible à tout le dogmatisme ; nous avons une idée de la vérité invincible à tout le pyrrhonisme. » Où donc nous réfugier, et qui nous dira enfin ce que nous sommes ?

C'est alors que Pascal triomphe : « Quelle chimère est-ce donc que l'homme, s'écrie-t-il ; quelle nouveauté, quel monstre, quel chaos, quel sujet de contradictions, quel prodige ! Juge de toutes choses, imbécile ver de terre, dépositaire du **vrai**, cloaque d'incertitude et d'erreur, gloire et rebut de l'univers. » Mais cette définition même, quelle est-elle ? sinon la définition que la religion chrétienne nous donne de l'homme lorsqu'elle le représente déchu par le péché originel et conservant pourtant d'ineffaçables traces de sa célèbre origine. Voilà, en effet, où Pascal voulait en venir et à quel but tendait tout ce labeur. Il voulait faire sortir de notre propre examen, et en dehors de toute croyance religieuse, une description de l'homme telle que le christianisme seul pût l'avouer, qu'elle s'accordât pleinement avec les enseignements du christianisme et avec eux seuls, que le mystère de la chute enfin pût seul en rendre raison. C'est ce mystère qui « démêlera cet embrouillement de la nature humaine. » Si l'homme n'avait jamais été corrompu, il serait en possession de l'innocence, du bonheur et de la vérité. S'il n'avait jamais été que corrompu, il n'aurait aucune idée de la vérité ni de la béatitude. Mais il est déchu de la perfection, et de là ce mélange de grandeur instinctive et de misère réelle dont il offre l'étonnante image. Le mystère de la chute, c'est-à-dire le péché héréditaire et châtié de père en fils, « heurte rudement » notre misérable idée de la justice, « et cependant sans ce mystère, le plus incompréhensible de tous, nous sommes incompréhensibles à nous-mêmes. Le nœud de notre condition prend ses replis et ses tours dans cet abîme. De sorte que l'homme est plus inconcevable sans ce mystère que ce mystère n'est inconcevable à l'homme. »

Ceux qui seraient ici tentés de sourire et

de dire : « N'est-ce donc que cela ? voilà donc la solution de ce redoutable chercheur qui rejetait si fièrement toutes les autres et qui paraissait si difficile à satisfaire ! » ceux qui tiendraient ce langage ne seraient pas justes envers Pascal et n'auraient compris qu'imparfaitement le curieux effort de ce grand et sincère esprit. Il faut d'abord reconnaître que cette exacte correspondance entre la nature vraie de l'homme et le mystère de la chute ne serait pas sans action ni sans droit sur le jugement si elle était clairement établie ; et lorsque Pascal s'écrie : « Il faut, pour qu'une religion soit vraie, qu'elle ait connu notre nature, la grandeur, la petitesse et la raison de l'une et de l'autre; qui l'a connue que la chrétienne ? Nulle autre n'a connu que l'homme est la plus excellente créature.... nulle autre religion n'a proposé de se haïr.... » lorsque Pascal exprime de telles pensées et les développe à sa manière, bien habile ou bien aveugle

celui qui ne se sent nullement ému et qui
ne se laisse jamais aller à dire après lui :
En effet, il y a une étrange coïncidence
entre les explications du christianisme et
la nature de l'homme.

De plus, Pascal, qui est aussi éloigné
que possible de toute feinte et qui n'a
point le moindre penchant à surfaire soit
la force de ses raisons, soit la solidité de
sa propre croyance, ne prétend nullement
que le mystère de la chute soit une solution claire du problème qu'il a posé devant nous et auquel il nous a forcés de
concourir. Il prétend seulement que si
l'on accepte cette solution, on explique
le problème, qu'il ne peut surtout être
expliqué par aucune autre, et que par
conséquent cette solution doit s'imposer
à notre esprit, alors même qu'on serait
tenté de la fuir ; mais il avoue en même
temps que cette solution est obscure, bien
plus, qu'elle est « une folie devant les
hommes ; » il la donne expressément pour

telle, et on ne saurait l'accuser de vouloir nous tromper. Ce démonstrateur de la religion chrétienne en confesse à chaque instant l'obscurité avec une candeur qui ne lui coûte guère, puisqu'il voit dans cette obscurité même une preuve de plus de ce qu'il veut nous amener à croire. La chute a, en effet, tout obscurci dans nos âmes, jusqu'à sa trace même, presque invisible à nos propres yeux, à moins que la grâce ne les ait ouverts. Nous ne nous savons pas déchus, nous ne nous savons pas sauvés, et, par suite, nous ne pouvons l'être si la grâce, qui souffle où elle veut, ne nous rend l'esprit ou plutôt le cœur accessible à ces grands mystères. Cette obscurité de la religion est donc tout simplement un signe que la grâce nous manque encore. Pascal, qui veut que nous l'entendions ainsi, l'entendait ainsi pour lui-même. Douter ou être tenté, c'était pour lui même chose, et le doute devenait ainsi pour cette âme inquiète un double supplice.

Si pourtant la religion est obscure, excepté pour les âmes choisies, quoiqu'elle puisse seule rendre raison de la nature de l'homme; si, en donnant un mystère pour solution à un problème, Pascal convient qu'il peut n'avoir point réussi à nous convaincre, essayera-t-il quelque autre moyen de nous réduire ou nous abandonnera-t-il au secours incertain du ciel? Prenez patience, il ne nous déserte pas si vite; s'il relâche son étreinte sur un point, c'est pour mieux nous assaillir et nous dominer sur un autre. Il nous a proposé la foi chrétienne comme la seule hypothèse qui fût capable de satisfaire notre entendement; il va nous proposer la soumission à la foi chrétienne comme le seul parti que nous puissions prendre si nous voulons consulter notre intérêt; et cette page, que nos pères n'ont connue que mutilée et transformée, est la plus saisissante peut-être de cette œuvre extraordinaire.

III

E calcul, devenu si célèbre, par
lequel Pascal veut nous réduire,
au nom de notre intérêt le plus
clair, à parier que Dieu existe, en comprenant, selon son usage, sous le mot Dieu,
la religion chrétienne tout entière avec ses
mystères et ses préceptes, est fondé sur
deux points qui, une fois admis, rendent
en effet ce calcul invincible : le premier
point, c'est que la religion est incertaine et
que nous sommes incapables d'atteindre le
vrai sur cette question comme sur toutes
les autres par les lumières naturelles ; le
second point, c'est que nous ne pouvons
cependant éviter de nous prononcer, puisque si Dieu et le christianisme sont vrais et

que nous ayons refusé de les reconnaître,
nous tomberons après la mort sous l'étreinte
de la colère divine; de sorte que ne point
parier, c'est parier contre, et qu'il ne nous
reste qu'une alternative, celle de parier
que Dieu existe ou qu'il n'existe pas.

Que ce morceau soit un dialogue en
règle, comme quelques personnes le prétendent, et que l'incrédule y partage la
parole avec Pascal, ou qu'il faille plutôt
y voir une sorte de dialogue avec soi-
même dans lequel l'écrivain se fait à la fois
l'objection et la réponse, de toute manière,
Pascal accorde sans hésiter, dès le début
de ce raisonnement, que Dieu et la religion sont inaccessibles au seul effort de
notre intelligence. « Dieu, qui n'a ni parties ni bornes, n'a nul rapport avec nous.
Nous sommes incapables de connaître ni
ce qu'il est, ni s'il est. » Quant à la religion, bien qu'on puisse voir un peu *le
dessous du jeu* par l'Écriture et le reste,
les chrétiens eux-mêmes professent qu'ils

n'en peuvent rendre raison : « Ils décla-
rent en l'exposant au monde que c'est une
sottise, *stultitiam*. » Cependant ils ont
tort ou raison ; Dieu est ou n'est pas. Le
jugement n'y peut rien déterminer : « Il y
a un chaos infini qui nous sépare. Il se joue
un jeu à l'extrémité de cette distance infinie, où il arrivera croix ou pile. Que ga-
gerez-vous? » La raison conseillerait, et
Pascal l'avoue, de ne parier ni l'un ni
l'autre, puisque toute présomption de gain
ou de perte est impossible; mais il faut
parier : « Cela n'est pas volontaire, vous
êtes embarqué. » Quel parti choisir cependant? Les chances étant égales, puisqu'il
n'y a qu'une seule alternative, à savoir :
que Dieu soit ou ne soit pas, il y a pareil
hasard de gain ou de perte, et là encore,
nous ne trouvons aucun motif d'incliner
de l'un ou de l'autre côté. Mais quel est ce
gain et quel est cette perte, en d'autres
termes, quels sont les enjeux?

La question du pari étant ainsi resserrée

et l'intérêt qu'on peut avoir à parier pour
ou contre ne reposant plus que sur l'im-
portance relative des enjeux, Pascal triomphe sans peine et nous contraint, par le
plus simple calcul, à parier pour l'affirma-
tive. Qu'apportons-nous, en effet, comme
enjeu? le sacrifice de toute notre vie par la
résolution d'obéir aux prescriptions du
christianisme, en supposant que ce soit un
sacrifice. Voilà ce que nous hasardons en
pariant que Dieu est, car si Dieu n'est pas,
nous ne serons pas récompensés de ce sacrifice et notre enjeu sera perdu. Mais si
Dieu est, que gagnons-nous en échange du
misérable enjeu que nous aurons ainsi aven-
turé? L'immortalité et la béatitude, c'est-
à-dire une infinité de vies infiniment heureuses; nous aurions donc hasardé le fini
(et quel triste fini) pour l'infini, c'est-à-
dire que nous aurions fait le pari que l'intérêt le plus étroit, le plus bas, le plus terre
à terre nous aurait prescrit de faire. D'un
autre côté, si nous avons parié que Dieu

n'est pas, ou, ce qui revient au même, si
nous avons refusé de parier, et si Dieu
existe, nous aurons à la vérité gardé et dis-
sipé à notre manière notre misérable enjeu,
mais nous aurons perdu l'inestimable gain
qui nous était offert; bien plus, nous ex-
pierons notre sot calcul ou notre refus de
calculer par une éternité de supplices, car
Dieu veut dire ici tout le christianisme, et
par suite la réalité des peines établies au
delà de ce monde contre les incrédules.

Soit, il faut parier, puisque la nécessité
nous y oblige, et parier pour la réalité de
Dieu et de la religion, puisque notre intérêt le commande; mais la meilleure volonté
du monde peut n'y point suffire, car enfin
la foi n'est pas un acte de pure volonté et
l'on peut être fait de telle sorte qu'on ne
puisse croire. On connaît la réponse de
Pascal. Avec cette admirable candeur qui
sera l'éternel attrait de son ouvrage, il s'offre lui-même en exemple; il a passé par là;
il connaît ce chemin; il faut faire comme

si l'on croyait, prendre de l'eau bénite,
faire dire des messes, *s'abêtir*, c'est-à-dire
dans la pensée de Pascal, imposer silence
aux dangereuses délicatesses de la raison
et l'incliner sous le poids toujours croissant
de l'habitude : « La coutume est notre nature, dit-il; qui s'accoutume à la foi, la
croit et ne peut plus ne pas craindre l'enfer. » La foi viendra donc naturellement
par la pratique, sans parler de la grâce;
et aussitôt l'on comprendra que ce fini
qu'on a hasardé contre l'infini n'était rien ;
bien plus, qu'on ne pouvait faire de cette
vie, qu'on a livrée comme enjeu, un meilleur usage, qu'elle ne pouvait être mieux
réglée ni mieux employée au point de vue
même du bonheur terrestre. Et d'ailleurs,
ce moment de la vie qui pouvait être réellement donné au plaisir, et qu'on a mieux
aimé hasarder pour une éternité bienheu-
reuse, est si fugitif et si court : « Que me
promettez-vous enfin, sinon dix ans d'a-
mour-propre à bien essayer de plaire sans

y réussir, outre les peines? » car dix ans, à peu près, voilà l'enjeu.

Tel est ce surprenant chapitre du pari auquel Pascal, qui excellait à fixer sa pensée en un seul mot, d'un trait rapide, avait donné pour titre, dans ses notes, *infini, rien ;* voulant dire qu'il s'agissait d'amener l'homme à parier *rien* pour l'*infini*, la vie humaine pour l'éternité. Et il avait compris le tout sous cet autre titre qui résume exactement ces pages singulières : *Moyens d'arriver à la foi; raison, coutume, inspiration;* entendant ici par *raison* ce calcul de l'intérêt éclairé et raisonnable qui nous oblige à parier pour l'existence de Dieu et pour la vérité de la religion ; par *coutume,* cette pratique qu'il nous recommande, après l'avoir suivie, pour incliner la machine humaine. pour lui faire prendre un pli dont elle ne puisse revenir, et pour attirer la foi en marchant au-devant d'elle ; enfin, par *inspiration,* le secours d'en haut, la grâce qui couronnera, s’il plaît à Dieu, ce grand effort et qui peut seule faire un vrai chrétien du calculateur poussé d’abord par le seul intérêt vers cette religion dans laquelle tout intérêt personnel doit s’anéantir.

Voilà donc, autant qu’on peut le voir à travers tous ces fragments logiquement rassemblés, l’apologie ou plutôt la démonstration que Pascal avait conçue pour établir la vérité du christianisme et l’intérêt capital qui nous presse d’y croire. Écartant tout d’abord, non sans quelque dédain, les façons ordinaires de nous conduire à la foi, telles que la preuve de la divinité par les ouvrages de la nature, ou les arguments purement métaphysiques de son existence, ou la preuve de la religion par l’antiquité et l’universalité des croyances, évitant les chemins battus, allant droit au cœur de l’homme, il le dépeint de telle sorte qu’il rend l’état de l’homme en ce monde inexplicable autrement que par les mystères de la chute et du péché originel ; et, pour faire ainsi de ces deux mystères les fondements mêmes de la religion, il n'avait pas besoin d'être janséniste, il lui suffisait d'être chrétien. Puis, admettant que ce genre d'épreuve puisse manquer de faire effet sur la raison humaine enveloppée, comme il l'a lui-même décrite, d'une épaisse obscurité que traversent seulement quelques rayons de lumière, il ne tient pas compte de son propre effort, et mettant notre âme inquiète en face de cet espace insondable dans lequel la mort va bientôt nous lancer, il nous somme impérieusement de choisir entre une soumission facile à la foi et la chance effrayante d'une éternité de supplices. Telles sont, si l'on va au fond des choses, les deux seules raisons de croire que Pascal, dans ce qui nous reste de lui, ait proposées à l'intelligence et au cœur de l'homme. Elles ont leur force ; est-il besoin d'ajouter qu'elles ne sont pas invincibles, et que l'œuvre de Pascal, alors même qu'il y eût mis la dernière main et alors

même que le monde serait gouverné par la
logique, n'aurait pas été capable de chasser l'incrédulité du monde ?

Cela ne veut pas dire que la méthode
que Pascal a voulu suivre, en établis-
sant un rapport nécessaire, comme le
rapport de l'effet à la cause, entre l'état
moral de l'homme et le mystère de la
chute, ne puisse conduire à la certitude;
mais cette méthode n'y conduit que si
on l'applique à des objets qui soient capables d'être connus par la raison humaine
avec certitude. Lorsque, par exemple,
en nous faisant observer les découpures
d'un billet de banque, on déclare que
ce billet est détaché d'un certain livre et
qu'il y a une exacte correspondance entre
les découpures du livre et les découpures
du billet; lorsque, pour le prouver, on les
rapproche l'un de l'autre et qu'en effet les
découpures du livre et celles du billet s'en-
trelacent et se complètent, la démonstration est faite et l'on touche au plus haut

degré de certitude auquel l'homme puisse prétendre. Lorsque le géologue déclare, de même, que deux montagnes, dont toutes les échancrures paraissent se correspondre au point que les angles saillants de l'une puissent remplir les angles rentrants de l'autre, ont été jadis unies, puis violemment séparées, il énonce un fait qui, sans pouvoir être prouvé avec la même évidence que le premier, a tous les caractères d'une probabilité bien voisine de la certitude. Enfin, si une hypothèse scientifique comme celle de l'attraction, par exemple, ne peut être touchée du doigt et doit être acceptée comme la conclusion d'un raisonnement fait par l'esprit, elle a du moins cet avantage de nous rendre raison de faits matériels si évidents et si nombreux que l'idée de les contester ne peut venir à personne; et tandis qu'on ne peut expliquer ces faits autrement, elle les explique d'une façon simple qui ne heurte en rien l'esprit de l'homme; elle n'entraîne aucune contradiction, elle ne blesse aucune de ces notions premières qui sont pour ainsi dire les fondements de notre intelligence.

Pascal, par cela même qu'il est chrétien et qu'il connaît le christianisme, ne peut réclamer et se garde bien de réclamer pour le mystère de la chute, donné comme l'explication du monde moral, aucun de ces caractères. On ne peut voir ce mystère des yeux du corps comme la souche du billet de banque ou comme la contre-partie de la montagne; on ne peut le présenter qu'à l'esprit, et loin de l'accepter avec un facile empressement comme l'hypothèse de l'attraction, l'esprit de l'homme, s'il est livré à lui-même, rejette tout d'abord cette hérédité de la faute et cette transmission du châtiment comme incompatibles avec ses propres notions de la justice et comme plus inconciliables encore avec ce qu'on ose entrevoir de la justice divine. Pascal proclame lui-même que ce mystère heurte violemment la raison; or il ne suffit pas

de répéter, pour obliger la raison à le su-
bir, que le problème de l'état moral de
l'homme ne peut être expliqué que par ce
mystère. La raison a, en effet, plus d'une
ressource pour échapper à cette conclusion
de Pascal. On peut dire qu'il peut y avoir
à ce problème quelque autre solution que
Pascal n'a point vue, et en admettant même
avec Pascal que cette solution meilleure
échappe aux yeux de tous, l'absence d'une
bonne solution ne doit point nous porter
nécessairement à nous faire violence pour
en accepter une mauvaise. On peut discuter encore les termes du problème, soutenir, comme l'a fait Vauvenargues, qu'il est
mal posé, et que la nature de l'homme
n'est point telle que Pascal l'a dépeinte,
car les particularités du cœur humain sont
moins aisées à reconnaître et frappent
moins clairement les yeux que les découpures d'un papier, les échancrures d'une
montagne, ou la translation des corps célestes. Ni l'exposition du problème, ni la

solution que Pascal en a donnée n'échappent donc au doute ; tout cela peut être entraîné avec le reste dans le torrent des spéculations et des discussions humaines.

Quant au pari et surtout à la nécessité absolue de parier, qui est la base de l'ingénieux argument de Pascal, cette nécessité n'existe que pour celui qui doute de la vérité de la religion chrétienne et de la réalité de l'enfer, mais non pas pour celui qui nie absolument la vérité de l'une ou l'existence de l'autre ; car pour un esprit ainsi disposé, l'alternative dans laquelle Pascal nous enferme n'existe pas ; la chance qui est l'élément indispensable du pari disparaît, et si peu que soit la vie, il n'y a plus de raison pour hasarder ce quelque chose contre rien. Il est vrai que l'œuvre entière de Pascal est destinée à nous prouver que nous sommes aussi incapables de nier que d'affirmer aucune chose, et qu'elle tend avec art à nous laisser dans cet état de doute universel où l'offre du pari devient raisonnable. Mais on ne peut pas se trouver dans cet état ; on peut douter de beaucoup de choses et en nier absolument quelques autres, et il suffirait que l'enfer fût parmi ces choses que l'on nie pour que l'argumentation de Pascal cessât aussitôt de nous étreindre. La nécessité du pari n'est donc pas plus inévitable, si l'on s'en tient à Pascal, que la solution de la chute, et l'on peut fermer ce livre immortel sans avoir trouvé le secret qui doit finir toutes nos incertitudes. Il y a dans ces pages si éloquentes de quoi ébranler l'esprit ; il n'y a pas de quoi le réduire.

En revanche, il y a de quoi l'émouvoir. Si Pascal n'a point touché le but peut-être inaccessible qu'il s'était marqué, il a laissé sur son chemin des traces ineffaçables devant lesquelles se renouvellera sans cesse l'admiration des hommes. Il n'est pas le seul qui ait voulu nous éveiller sur la fragilité de nos attachements et sur la vanité de nos connaissances. Dans notre langue

même, Montaigne avait avant lui raillé
notre science, notre justice, nos occupations
ambitieuses, notre vie affairée, notre haute
opinion de nous-mêmes. Mais ce qu'il a
fait en se jouant et sans dessein, Pascal, plus
ému des arguments de Montaigne que
Montaigne lui-même, l'a fait avec un tel
accent de douleur et avec un tel désir de
nous convaincre, que ses coups moins nombreux, mais plus perçants, nous vont tous
au cœur. Et lorsque, au milieu de cette
éloquence, le plus souvent hautaine et sévère, la langue attendrie du chrétien se fait
jour, de quelle émotion il nous pénètre!
« Jésus-Christ, dit-il, est un Dieu dont
on s'approche sans orgueil et sous lequel
on s'abaisse sans désespoir. » C'est aussi
un Dieu qui a donné au langage humain
une mélancolie et une douceur capables
d'éveiller de nouveaux échos dans toutes
les âmes.

Enfin si Pascal n'a point raison en toute
chose, il a plus d'une fois raison, et il re-

mue dans le genre humain tout ce qui sent, en même temps que tout ce qui pense, lorsqu'il s'étend avec une éloquence incomparable sur l'inutilité de nos divertissements et sur la loi mystérieuse, mais certaine, qui a réuni dans notre existence mortelle la soif inextinguible du bonheur à l'impossibilité de l'atteindre. Il est un âge où l'on ne sent pas assez que Pascal a raison ; il est un âge où on ne le sent que trop. Mais alors même la nature continue à se donner carrière, et elle se joue de nous en nous induisant toujours à espérer contre toute espérance. « Si telle chose m'arrivait, je serais heureux, » voilà les derniers mots que désapprennent la bouche et le cœur de l'homme ; mais lorsque nous les prononçons, nous cédons à cette même illusion que Lucrèce reproche à ceux qui se soucient outre mesure de n'être pas privés de sépulture. « Vous vous figurez à votre insu, dit le cruel poëte, debout vous-même près de votre cadavre et attristé de le voir déchiré par les oiseaux et par les bêtes fauves : »

> Vivus enim sibi quum proponit quisque futurum
> Corpus uti volucres lacerent in morte feræque,
> Ipse sui miseret; neque enim se vindicat hilum,
> Nec removet satis a projecto corpore, et illud
> Se fingit sensuque suo contaminat adstans.

Et nous de même, dans nos vœux de bonheur, nous nous figurons toujours tels que nous sommes en possession de ce que nous avons désiré; mais si ce bien inespéré nous arrive, s'il est même par miracle tel que nous l'avons rêvé, le moindre changement de notre être, une variation même imperceptible dans les ressorts de notre corps ou dans ceux de notre âme nous défend d'en jouir, et nous disons alors : n'est-ce que cela! Si pourtant, par impossible, nous saisissons ce bonheur avec un cœur qui en soit encore avide, si nous l'étreignons de toutes nos forces, cette étreinte dure-t-elle plus qu'un éclair? notre

cœur a-t-il le temps de battre deux fois
avant que tout ne soit fini ou flétri?

Surgit amari aliquid quod in ipsis floribus angat....

Pascal a dit vrai; le soleil n'éclaire rien
ici-bas qui ne soit misérablement imparfait,
et lui-même en est la preuve. Quelle imperfection, quelle révolte misérable de la
matière contre l'esprit que ce corps sitôt
usé et toujours malade, enfermant, obscur-
cissant, étouffant enfin une telle lumière!
Et cet esprit lui-même, quel étonnant mélange de grandeur et de misères, de justesse
et de chimères, de pénétration et de rêveries!
quelles angoisses du cœur en échange de
quelques pures jouissances de l'entendement! Le fruit rongé par le ver, un champ
de bataille couvert de morts, un enfant ex-
pirant dans les douleurs, un peuple libre
qui tombe en servitude, n'offrent point de
plus triste problème à notre curiosité impuissante et ne proclament point plus haut
qu'une telle vie l'imperfection de tout ce

qui est dans ce monde. Et ce qui est un autre abîme, c'est qu'il y a, dans le spectacle même de ces agonies et de ces ruines, je ne sais quelle beauté qui chatouille une des fibres les plus mystérieuses du cœur de l'homme. Pascal aussi clairvoyant et plus raisonnable, Pascal aussi éloquent et moins déchiré arrêterait moins notre regard. Mais nous ne pouvons détourner nos yeux de la flamme qui le consume, comme les Romains admiraient les nuances changeantes qu'une mort lente faisait passer sur la murène, ou comme nous admirons nous-mêmes les couleurs étranges et brillantes que nous donnons à certaines fleurs en les abreuvant de poison.

LA ROCHEFOUCAULD

LA ROCHEFOUCAULD

I

L A Rochefoucauld est certainement le plus fin et peut-être le
plus profond des moralistes qui
ont fait la guerre à l'orgueil de l'homme.
Pascal parle de plus haut que lui et veut
nous mener plus loin, puisqu'il ne cherche à
ébranler notre confiance en nous-mêmes que
pour nous mieux réduire à chercher dans le

christianisme l'unique explication et la meilleure consolation de nos misères. Mais si la Rochefoucauld n'a point ce grand dessein, s'il s'attache simplement à nous peindre tels qu'il nous voit parce que nos vertus apparentes lui pèsent et qu'il éprouve une sorte de plaisir intellectuel à nous convaincre de leur néant, on ne peut nier qu'il ne soit entré plus avant que personne dans le détail de nos intentions secrètes, et de ces mouvements instinctifs qui nous portent à l'action sans se montrer, ou qui, pour nous faire agir, se déguisent à nos propres yeux comme aux yeux des autres.

Étranger à toute ambition philosophique, n'ayant nullement l'idée de bâtir un système, respectueux envers la religion, simple investigateur de la conscience humaine, il couvre ses mortifiantes conclusions de l'autorité des Pères de l'Église, et nous présente modestement ses maximes comme autant de preuves à l'appui de cette sentence générale qu'a portée le christia-

nisme contre la perversité originelle du
genre humain. Mais, homme de goût en
toute chose, il insiste peu sur ce détour; il
n'allègue qu'en passant cette excuse, et
n'essaye point sérieusement de tromper là-
dessus ses contemporains ou la postérité.
Bien qu'il se soit trouvé de son temps,
sans parler du nôtre, des lecteurs capables
de s'y laisser prendre, bien qu'on l'ait naï-
vement félicité d'avoir montré « que toutes
les vertus des infidèles sont des vices, » et
d'avoir abattu « comme un anti-Sénèque,
l'orgueil des faux sages, » l'œuvre de la
Rochefoucauld n'est rien moins que chrétienne. C'est seulement la psychologie impitoyable d'un observateur mondain, instruit par l'expérience et armé d'une rare
puissance de réflexion et d'analyse. Il jouit
vivement de ce qu'il découvre et nous le
révèle avec une précision incomparable;
mais il n'en veut tirer aucune conclusion
morale, encore moins aucun conseil, et il
se complaît dans la seule vue de la vérité.

On peut être cependant tenté de se servir de ce petit livre comme d'une triste introduction à la partie la plus sévère du
christianisme, mais c'est à la condition de
faire aussitôt un pas de plus et de montrer
à l'homme dans le perfectionnement de
son âme, avec le concours de la religion, un
moyen de salut, un motif d'espérance : « On
pourrait dire, » écrit excellemment un de
ces correspondants choisis qui étaient con-
sultés sur le manuscrit des *Maximes* « on
pourrait dire que les chrétiens *commencent*
où votre philosophie *finit*, et l'on ne pourrait
faire une instruction plus propre à un caté-
chumène pour convertir à Dieu son esprit
et sa volonté. Quand il n'y aurait au monde
que cet écrit et l'Évangile, je voudrais être
chrétien.... » C'est, en effet, après cet
écrit qu'on a surtout besoin de lire l'Évangile, et rien ne prouve mieux la force ac-
cablante des *Maximes* que la tentation
qu'elles inspirent de faire aussitôt appel à
un secours surnaturel, à un miracle, pour

rompre les liens si savants et si serrés qu'elles enchevêtrent autour de la volonté de l'homme. Si ce discours divin fait défaut, si on le perd seulement de vue, on est bien près de dire avec Mme de Hautefort que « la lecture de cet écrit persuade qu'il n'y a ni vice ni vertu, et, que l'on fait nécessairement toutes les actions de la vie, » ou encore que cet écrivain « a découvert les parties honteuses de la vie civile et de la société humaine. » Soit pourtant qu'on reste accablé sous le poids de ces maximes, soit qu'on y échappe par une religieuse espérance et qu'on y trouve un point d'appui pour s'élever plus haut, soit enfin qu'on les prenne corps à corps, qu'on essaye de leur tenir tête sans aucun secours surnaturel, et qu'on cherche seulement dans la nature humaine le moyen de les ébranler, on ne peut s'empêcher d'admirer la force pénétrante de celui qui a réuni en quelques pages et sous une forme si achevée tant de raisons de douter de nous-mêmes et de rester inquiets sur la pureté de nos cœurs, au milieu de nos plus fiers mouvements vers le bien.

Si l'on veut embrasser d'un coup d'œil toutes les maximes, l'esprit qui les inspire, la conclusion implicite de chacun de ces regards jetés sur notre âme, il faut lire l'admirable morceau sur *l'amour-propre*, supprimé dans les éditions postérieures à la première, ou bien avoir sans cesse sous les yeux cette simple réflexion, perdue à son rang parmi cent autres, mais les dominant toutes par la grandeur de l'image et par l'énergie concise de l'expression : « Les vertus se perdent dans l'intérêt comme les fleuves se perdent dans la mer. »

Qu'est-ce que cet intérêt, cette mer de laquelle toutes les vertus humaines sont sorties et dans laquelle elles viennent se perdre après les vains détours que le moraliste se plaît à décrire ? Qu'est-ce que cet amour-propre qui est, à ses yeux, le principe de nos actions bonnes ou mauvaises, l'unique moteur de nos vertus comme de nos vices? Si nous voulons nous le demander pour notre propre compte, et contempler dans sa source profonde cet *amour-propre* ou cet *amour de soi* auquel la Rochefoucauld arrive toujours lorsqu'il suit une de nos vertus, nous reconnaîtrons aisément ce qui est le principe même de la vie et du mouvement dans le monde, ce que la philosophie appelle dans son sévère langage : l'être et la tendance à persévérer dans l'être. Ce penchant à vivre et à durer n'est pas une autre force chez l'homme que chez tout ce qui vit et se meut sur la surface de la terre : elle anime obscurément l'animal qui défend son existence ou qui veut la maintenir et l'étendre par la destruction de sa proie, et elle souffle en même temps à l'homme l'attachement à la vie, le goût de la domination, la soif de l'immortalité.

Mais cette force, aveugle partout ailleurs

autant que puissante, se transforme et s'é-
pure dans notre âme. Deux phénomènes
nouveaux et admirables la tempèrent, la
dominent parfois jusqu'à la suspendre,
et lui enlèvent, alors même que nous
lui cédons, quelque chose de sa violence
et de sa brutalité. C'est d'abord l'intelligence, ou, pour la mieux définir dans
ses rapports avec notre égoïsme naturel,
l'élévation de l'esprit qui nous fait concevoir quelque chose au-dessus de l'intérêt personnel et qui revêt à nos yeux de
je ne sais quelle beauté mystérieuse l'acte
sublime qui reçoit dans les langues humaines le nom de dévouement ou de sacrifice. C'est ensuite ce mouvement du
cœur qui nous fait oublier, pour un instant
si l'on veut, mais tout à fait et sans l'ombre d'un calcul, notre intérêt personnel, et
qui nous emporte à une belle action sans
que nous ayons le temps de nous reconnaître. Le besoin universel d'être et de
durer, l'égoïsme, pour lui donner le nom

qu'il prend chez l'homme, n'est donc pas,
quoi qu'on fasse et à quelque finesse qu'on
ait recours, la raison dernière et suffisante
de toutes nos actions. L'homme agit parfois par suite d'une révolution calme et héroïque qui lui a fait préférer le devoir en-
trevu par l'intelligence à l'intérêt suggéré
et appuyé par l'instinct naturel; parfois
aussi l'homme agit, entraîné par une générosité soudaine et violente qui lui fait accomplir le bien sans lui laisser le loisir de
la délibération, ni le mérite du sacrifice.
Sévère investigateur de notre âme et exercé
à surprendre l'égoïste sous ses déguise-
ments les plus habiles, la Rochefoucauld
veut le trouver là même où il n'est pas;
ou du moins il veut le montrer agissant en
maître là même où il obéit plutôt que de
commander; il refuse donc toute part dans
nos actions, soit à l'accomplissement in-
telligent, réfléchi et pénible du devoir,
soit à l'impulsion naturelle et accidentelle
vers le bien. Tout est pour lui calcul

égoïste, avec ou sans conscience de l'âme en qui ce calcul s'opère, et à ses yeux, qu'il soit spontané ou réfléchi, héroïque ou facile, le mouvement désintéressé vers le bien, que nous appelons vertu, n'existe pas.

C'est seulement cette négation constante, ou pour mieux dire, cette omission perpétuelle de ce fait incontestable : qu'il y a des actes vertueux dans le monde, qui est le côté faible de cet inimitable moraliste. Il a le plus souvent raison, mais il n'a pas toujours raison, et parfois il suffit pour le réfuter d'un coup d'œil jeté autour de nous ou en nous-mêmes. Confessons cependant qu'il serait vraiment irréfutable si, tout en accordant qu'il y a de la vertu dans le monde, il s'était seulement appliqué à montrer que l'amour de soi en est inséparable, et que dans les profondeurs de notre être la vertu et l'intérêt bien entendu se rapprochent au point de se toucher. Il est certain que l'acte le plus héroïque du monde, que le sacrifice le plus su-

blime, lorsqu'ils sont l'effet de la réflexion,
viennent surtout de ce qu'on préfère à l'intérêt immédiat et passager qu'on sacrifie,
l'intérêt supérieur et durable de l'être moral qui est en nous. Mais c'est précisément
ce discernement des intérêts et ce sacrifice
du moins noble au plus noble qui a reçu
de l'humanité le nom de *vertu*, dénomina-
tion admirable, pleine de sens et de justesse, puisque ce sacrifice est le plus souvent douloureux et exige une certaine *force*
pour s'accomplir. La vertu, lorsqu'elle est
réfléchie et volontaire, est donc, si l'on
veut, un art sublime de faire remonter l'é-
goïsme à sa source la plus élevée, et si la
Rochefoucauld n'avait pas dit autre chose,
il aurait eu raison ; mais il est décidé contre
lui par toutes les langues humaines qu'é-
puré de la sorte et appliqué uniquement à
la conservation et à l'accroissement de
l'être moral, l'égoïsme perd son nom pour
faire place à un mot plus noble, comme si
la conscience de l'humanité s'était juste-

ment refusée à caractériser de la même
manière deux façons si différentes d'entendre l'intérêt personnel et de poursuivre
le bonheur. Il y a donc une façon basse et
étroite de s'aimer qu'on appelle le vice, et
une façon intelligente, courageuse et presque divine de s'aimer qui s'appelle la vertu,
et voilà la double source de toutes les actions humaines. Quant à cesser de s'aimer
soi-même de l'une ou de l'autre façon,
quant à cesser de chercher son bien en ce
monde ou son salut dans l'autre, comme
disent les chrétiens, on ne peut l'exiger de
l'homme, sans renverser d'abord, non·seu-
lement les fondements de l'âme humaine,
mais l'ordre général de la nature qui a fait
de l'amour de soi, c'est-à-dire du besoin
d'être et de durer, le principe même de la
conservation et du mouvement de l'univers.

La méthode la plus familière à la Rochefoucauld, la tendance la plus fréquemment
entrevue dans ses *Maximes*, c'est de confondre sous le même nom d'amour-propre

ou d'égoïsme ces deux amours, si différents dans leur caractère et dans leur résultat, que nous nous portons à nous-mêmes et d'exiler ainsi la vertu de l'âme humaine, en la rangeant tout entière sous la domination étroite et exclusive de l'intérêt personnel. Mais en suivant avec une admirable perspicacité cet intérêt personnel de détour en détour jusque dans son asile le plus inviolable, il se garde bien de nous indiquer le moment où cet intérêt, de plus en plus élevé, change enfin de nature et prend le nom de vertu aux yeux de toute la terre. Lisez, par exemple, ce passage de l'incomparable morceau sur l'*Amour-propre*, de l'édition de 1665, et vous y verrez cette transition si habilement dissimulée qu'elle devient insensible : « Il est dans tous les états de la vie et dans toutes les conditions ; il vit partout et il vit de tout ; il vit de rien ; il s'accommode des choses et de leur privation ; il passe même dans le parti des gens qui lui font la guerre, il entre dans leurs desseins, et ce qui est admirable, il se hait lui-même avec eux, il conjure sa perte, il travaille lui-même à sa ruine ; enfin il ne se soucie que d'être, et pourvu qu'il soit, il veut bien être son ennemi. Il ne faut donc pas s'étonner s'il se joint quelquefois à la plus rude austérité et s'il entre si hardiment en société avec elle pour se détruire, parce que, dans le même temps qu'il se ruine en un endroit, il se rétablit en un autre. Quand on pense qu'il quitte son plaisir, il ne fait que le suspendre ou le changer ; et lors même qu'il est vaincu et qu'on croit en être défait, on le retrouve qui triomphe dans sa propre défaite.... » Oui, c'est l'amour-propre ou l'amour de soi qui *ne se soucie que d'être,* et veut bien être son ennemi, *pourvu qu'il soit ;* c'est bien lui qui se rétablit dans un endroit quand il se ruine dans un autre, qui se joint à *la plus rude austérité,* qui ne fait alors que *changer* son plaisir, qui se retrouve enfin triomphant dans sa propre défaite ; mais c'est l'amour-propre ennobli, transfiguré, aussi épuré enfin que peut l'être un sentiment conçu et nourri dans cette poussière dont nous sommes formés. Ce n'est plus, à vrai dire, que la forme que le pur amour du bien est ici-bas condamné à prendre pour pénétrer et subsister dans notre âme. Acceptons cependant les jugements et le langage de la Rochefoucauld ; voyons quelle idée il se fait de l'homme, et recueillons dans ses *Maximes* les traits épars de cet accablant portrait.

L'homme hait le bienfait comme une servitude ; sa modération vient seulement du calme que la bonne fortune donne à son humeur ; s'il se fait parfois un honneur d'être malheureux, c'est qu'il veut paraître digne d'être en butte à la fortune ; s'il paraît détester le mensonge, c'est qu'il ambitionne le respect d'autrui pour sa parole ; s'il est juste, c'est parce qu'il redoute de souffrir l'injustice ; l'amitié est pour lui

un échange de bons offices, un commerce
où l'amour-propre se propose toujours
quelque chose à gagner ; s'il exagère parfois dans ses discours la tendresse de ses
amis, ce n'est point gratitude, mais désir
de faire juger de son mérite ; parler de
lui-même fait ses délices, il aime mieux se
diffamer que de parler d'autre chose, il
envahit toujours la conversation par cette
passion de parler de lui-même, et faire
mine d'écouter autrui est déjà un merveilleux effort ; s'il refuse des louanges, c'est
pour être loué deux fois ; s'il se repent,
c'est qu'il a peur ; s'il pleure ceux qu'il
aime, c'est pour mille raisons dont pas une
n'est désintéressée ; enfin les deux choses
dont il se pique le plus, le courage et le
mépris de la mort, n'existent pas ; sa valeur est changeante, capricieuse, elle a besoin de témoins, et n'est jamais ce qu'elle
serait si le danger de mourir était écarté ;
quant au mépris de la mort, c'est l'art de
s'en distraire de mille façons, et rien de

plus : ni le soleil ni la mort ne peuvent se regarder fixement

Voilà l'homme dépouillé de tous ses mérites ; que gardera la femme des qualités qui lui sont particulières ? Elle sortira aussi pauvre que nous des mains de ce terrible juge. On parle du véritable amour comme on parle des esprits ; qui l'a jamais vu ? Il y a des femmes sévères, mais c'est un fard qu'elles ajoutent à leur beauté ; la sévérité complète n'existe pas sans aversion ; l'honnêteté des femmes, c'est l'amour du repos ; il en est peu d'honnêtes qui ne soient lasses de leur métier, ou bien qui ne ressemblent à ces trésors cachés qui sont en sûreté parce qu'on ne les cherche pas ; si l'on souffre de la jalousie plus que d'aucun mal, c'est que la vanité ne peut aider à la supporter ; on pleure un amant pour mériter d'en avoir un autre par le renom de tendresse et par la gloire d'une belle douleur....

Mais à quoi bon émousser ces traits aigus pour les mettre en faisceau et pour les montrer tous ensemble? Tout le monde les a vus, tout le monde les a sentis, il en est peu qui, à de certains jours, ne nous aient brusquement atteints et déchirés. Leur forme incomparable, leur vif et dur éclat ajoutent à leur force, et quand l'occasion nous les rappelle, quand l'événement paraît leur donner raison, il semble qu'ils nous traversent l'esprit de part en part. N'y a-t-il cependant aucun moyen de les parer, de les briser même, et s'il est possible de contredire plus d'une fois ces maximes impérieuses par un simple appel à la réalité, d'où vient l'illusion merveilleuse qui les accompagne? où ont-elles pris cet air de vérité absolue qui nous oblige, par une sorte de premier mouvement involontaire, à nous incliner d'abord devant elles?

II

ET air de vérité qu'ont la plupart des maximes leur vient d'abord de la forme achevée qu'elles ont reçue de la main de leur auteur. Bien qu'il se soit toujours piqué de n'être point homme de lettres et qu'il ait feint de se laisser arracher la publication de son ouvrage, par le seul désir de rectifier certaines copies infidèles qui couraient le monde, la Rochefoucauld a patiemment retouché ce petit chef-d'œuvre avec l'assistance des esprits les plus délicats de son temps, et n'a rien négligé pour le faire approcher de la perfection. Il a réussi, en ce sens qu'il paraît impossible au lecteur d'exprimer la même pensée en moins de mots, avec des termes mieux choisis, d'une façon plus saisissante. Ajoutez à cette précision merveilleuse du langage quelques images vives et sobres qui, par leur justesse même, s'emparent fortement de l'esprit, et vous comprendrez la singulière autorité qui accompagne chacun de ces courts axiomes. Ces affirmations si nettes, si claires, si spirituelles, paraissent du même coup admirables et incontestables, ou du moins découragent, par le bonheur même de l'expression, celui qui serait tenté de les contester.

La finesse de ces petites analyses, le compte détaillé qu'elles nous rendent en quelques lignes d'un sentiment que nous avions toujours cru simple et droit, achèvent de nous convaincre. Il nous est difficile de ne pas considérer comme vraies ces découvertes faites en nous-mêmes, ces conquêtes sur l'inconnu, analogues aux travaux des géographes qui dessinent, sur une carte restée blanche jusque-là, des

lacs, des fleuves et des montagnes, ou aux
descriptions des naturalistes qui nous
montrent, à l'aide du microscope, tout un
monde dans quelque parcelle de matière.
Relisons, par exemple, cette définition de
la constance : « La constance en amour
est une inconstance perpétuelle qui fait
que notre cœur s'attache successivement
à toutes les qualités de la personne que
nous aimons, donnant tantôt la préférence
à l'une, tantôt à l'autre ; de sorte que cette
constance n'est qu'une inconstance arrêtée
et renfermée dans un même sujet. » Rien
de plus vrai, quand on y pense, que cet
amour successif qui voyage d'une qualité à
l'autre sans s'écarter de la personne aimée,
comme on sacrifierait sur plusieurs autels
sans sortir du même temple, et c'est là ce
qu'on appelle communément la constance ;
mais on ne voit guère tout cela dans la
constance avant que la Rochefoucauld ne
l'ait montré. Dans cette maxime, comme
dans bien d'autres, il nous apprend quel-

que chose sur nous-mêmes ; le désir de
croire est voisin du plaisir d'apprendre, et
c'est parce que le plus souvent la Rochefoucauld nous instruit qu'il est toujours
près de nous séduire.

En y regardant bien, cela ne revient-il
pas à dire que l'air de vérité des *Maximes*
leur vient de leur vérité même ? et que si
elles s'imposent à notre esprit, c'est qu'elles
nous découvrent des parties mal entrevues
de notre cœur ? Entendons-nous pourtant
sur cette vérité des *Maximes*. Si l'on passe
d'abord condamnation sur cette confusion
de mots dont nous avons parlé naguère entre l'égoïsme et la vertu, l'intérêt et le devoir, les *Maximes* sont vraies dans presque
tout ce qu'elles disent ; leur fausseté n'est
que relative et vient seulement de ce qu'elles
omettent. On y met en lumière avec un art
admirable des faits certains, ingénieusement relevés au désavantage de l'homme, et
l'on y passe tout simplement sous silence
le fait non moins certain qui devrait être

invoqué à sa décharge ou compléter du moins le tableau de son cœur. Le mot de sophisme répugne et paraît presque violent lorsqu'il s'agit d'un tel ouvrage, et cependant il est aisé de surprendre dans le procédé habituel de l'auteur des *Maximes* ce qu'on appellerait en termes d'école le sophisme d'omission ou de généralisation excessive. Lisez, par exemple, cette définition si profonde des divers genres de courage qui les réduit tous à néant et n'en laisse subsister que le nom ; elle est irréprochable, si ce n'est qu'il y manque deux lignes où l'on reconnaisse enfin qu'il y a des exemples d'un certain courage qui se passe de témoins, de lumière, de vanité, de récompense, d'espérance même, qui est parce qu'il est et qui compte parmi les plus nobles mouvements de l'âme humaine. Lisez encore cette définition incomparable de l'affliction, où l'on énumère toutes les raisons pour lesquelles on pleure ; on croirait voir un habile chimiste analysant et faisant évanouir en malignes vapeurs toutes les larmes échappées, depuis la création, du cœur de l'homme. Mais il manque quelque chose dans le creuset de la Rochefoucauld : un peu de douleur vraie, sorte de corps premier, d'élément indécomposable, qui eût résisté à tous ses efforts et témoigné jusqu'au bout que les larmes de l'homme coulent parfois comme son sang, sans autre calcul et sans autre raison qu'une blessure. On pourrait donc s'écrier en lisant les *Maximes* : Où est l'amour ingénu ? où est l'affliction sincère ? où est la pitié involontaire et irrésistible ? qu'a-t-il fait du vrai courage ? Mais cette portion de vérité qui manque n'empêche point en nous l'impression profonde de cette autre portion de la vérité que les *Maximes* découvrent et relèvent; bien plus, l'impression de la vérité qu'on nous montre est si vive, que la vérité omise en souffre, qu'elle ne paraît pas seulement laissée de côté, mais détruite, et qu'elle prend aux yeux de plus d'un lecteur l'apparence trompeuse d'un préjugé vaincu.

Un grand nombre de maximes, non moins incomplètes et non moins partiales, si on les met sans détour en face de la nature humaine et de l'expérience, empruntent leur air de vérité absolue à un autre genre de sophisme, puisque nous nous résignons à nous servir du terme exact ; c'est le sophisme de concomitance, pour l'appeler par son nom. La Rochefoucauld réunit dans la même maxime deux faits incontestables, et suppose non pas seulement que l'un est la conséquence de l'autre (ce qui le plus souvent est vrai), mais encore que le second de ces faits est la conséquence recherchée et voulue du premier, le but secret qui lui donne naissance, et que si le premier phénomène existe dans l'âme humaine, c'est seulement avec l'intention formelle et intéressée d'amener le second. L'illusion produite par ce genre de sophisme est puissante et difficile à détruire;

et on le comprend aisément : les deux faits allégués sont vrais, le rapprochement en est ingénieux et frappant ; bien plus, ils s'enchaînent souvent tous les deux par une conséquence nécessaire ; quoi de plus facile que de se laisser glisser sur la pente où la Rochefoucauld nous entraîne, et que de voir dans cette conséquence inévitable la poursuite d'un intérêt et l'effet d'un calcul ?

Ne faut-il pas accorder, par exemple, que l'aversion du mensonge *rend* nos témoignages considérables et attire à nos paroles un aspect de religion ? que la fidélité au secret *attire* la confiance et nous rend dépositaires des choses les plus importantes ? qu'en louant à l'excès la tendresse de nos amis pour nous, nous *faisons juger* de notre mérite ? Tous ces faits, marchant deux par deux, et réunis dans la même maxime, sont incontestables ; bien plus, ils s'engendrent l'un l'autre, et le lien de nécessité qui les unit paraît à tous les yeux. Que fait la Rochefoucauld? Il transforme d'un seul mot, ingénieusement jeté au milieu de la maxime, ce lien de nécessité en un lien de volonté, cette conséquence naturelle en un calcul. Il dira donc que l'aversion du mensonge est une *imperceptible ambition de rendre* nos témoignages considérables; que la fidélité est une *invention rare de l'amour-propre pour attirer* la confiance; que nous exagérons la tendresse de nos amis pour nous, moins par reconnaissance que par le *désir de faire juger* de notre mérite. C'est là que l'hypothèse commence; mais elle est si bien soutenue et si bien enveloppée de faits incontestables et d'observations vraies, qu'elle s'impose avec le reste et emprunte à ce qui l'entoure un air de certitude. Qui n'accordera encore que la sévérité ajoute un charme à la beauté des femmes et tend à augmenter, avec la difficulté de les vaincre, le désir de les toucher? Mais faut-il en conclure que cette sévérité est un *fard,*

un *ajustement*, et en faire une partie de
la toilette, une sorte de mouche plus habilement placée que toutes les autres? Pleu-
rer beaucoup celui qu'on aimait, c'est en
effet paraître plus digne encore d'être aimée; est-il aussi certain que c'est afin de
mieux remplacer celui qu'on a perdu qu'on
le pleure? Quoi de plus involontaire enfin
que cette *élévation* naturelle que la Rochefoucauld définit admirablement en l'ap-
pelant « un certain air qui nous distingue
et qui semble nous destiner aux grandes
choses? » Que l'élévation, ainsi entendue,
ajoute quelque chose à la valeur de l'homme
et lui attire tout d'abord une sorte de déférence indépendamment de la naissance,
des dignités et du mérite même, on peut
le voir ou le sentir aisément; mais que ce
nouveau prix on se le donne à soi-même,
que l'élévation tende à *usurper* cette supériorité et ces déférences, on ne sera pas
si prompt à l'admettre si l'on a seulement
rencontré quelques-uns de ces princes sans

parchemins ou de ces rois sans couronne que la nature se plaît parfois à faire naître dans les rangs les plus humbles, et dont l'élévation instinctive est aussi étrangère au calcul que le mouvement de l'oiseau qui s'élance en chantant vers le ciel.

Omettre une partie de la vérité ou réunir deux faits certains, ingénieusement rapprochés l'un de l'autre et parfois sortis l'un de l'autre, par le lien hypothétique d'un calcul, tel nous paraît être le procédé habituel de l'auteur des *Maximes*, lorsqu'il s'égare dans des condamnations trop générales et trop profondes de la nature humaine. Mais il ne s'égare pas toujours, et alors même qu'il va trop avant, il rencontre des traits si vifs, des expressions si justes et si fines, que son livre, tel qu'il est, restera parmi les monuments les plus parfaits de notre langue et les créations les plus heureuses de notre génie. Il est légitime et il peut être intéressant de se rendre compte des *Maximes*, d'analyser et de décomposer même quelques-uns de ces petits chefs-d'œuvre pour en chercher la partie faible et le point contestable, de montrer que trop souvent la nature humaine, avec sa riche et puissante variété, ne peut y entrer telle qu'elle est sans les faire éclater, que l'auteur enfin se met parfois en désaccord, par une confusion volontaire dans les mots plutôt que par une vue fausse des choses elles-mêmes, avec la conscience du genre humain. Mais en dehors de ces justes réserves, faire de propos délibéré la guerre aux *Maximes*, et surtout en vouloir à la Rochefoucauld de les avoir écrites , est une entreprise peu raisonnable et qui n'est pas toujours exempte de ridicule.

Il est bien superflu, après les pages charmantes qu'on a écrites sur ce même sujet, de défendre la Rochefoucauld contre les plus pompeux de ses adversaires. A tout prendre, c'était un galant homme, et si son humeur mélancolique, son inclination à tout pénétrer pour se dégoûter de tout l'ont empêché de jouir de la vie, s'il a été inutilement comblé de tout ce qu'on désire ici-bas , si l'on peut enfin lui appliquer les vers admirables du poëte latin :

.... Omnia, pertusum congesta quasi in vas,
Commoda perfluxere, atque ingrata interiere,

faut-il l'en blâmer ou l'en plaindre ? Qui peut se flatter, après tout, de voir exactement les choses comme elles sont et de se faire une idée complète des biens et des maux de cette vie, des beautés et des laideurs de l'âme humaine et du monde ! Heureux celui qui a reçu en naissant le don de tout voir d'un œil favorable, pour qui le ciel est plus beau, les arbres plus verts, le soleil plus brillant, les hommes meilleurs, les femmes plus belles que pour le commun de l'humanité ! Heureux encore (quoique moins heureux) celui qui voit plutôt les aspects sévères du monde et de la vie, s'il s'élève à sa manière jusqu'à la conception de l'ordre universel, si le plaisir de savoir et la présomption de comprendre lui tiennent lieu d'illusions plus douces ? La Rochefoucauld ne semble avoir été ni des uns ni des autres. Il s'est bien attaché aux points de vue les plus sombres qu'on puisse choisir ici-bas ; il a tout considéré sous une triste lumière ; mais son regard pénétrant, qui s'appliquait à tout percer autour de lui, ne paraît point s'être élevé assez haut ni avoir visé assez loin pour qu'il pût trouver, dans une observation plus complète de la nature et dans la jouissance d'une contemplation plus vaste, quelque noble compensation au dégoût que cette étude imparfaite de la réalité devait amasser dans son cœur. Il a donc erré, sans en sortir, dans ces *postscenia vitæ*, où l'air est trop épais et trop lourd pour laisser briller plus d'un instant la flamme légère et tremblante du plaisir. Mais pour avoir ainsi manqué d'être heureux, faut-il le maudire ? et n'a-t-il même aucun titre à notre reconnaissance pour nous avoir décrit en quelques traits immortels ces désolantes régions où s'est fièrement et tristement promenée son âme!

LA BRUYÈRE

LA BRUYÈRE

I

L set aisé de se méprendre sur
la Bruyère. Le peu qu'on sait
de sa vie passée au service d'un
prince, quelques allusions amères à l'injuste inégalité des rangs et à sa condition subalterne, quelques plaintes fières
sur le bonheur immérité et sur l'inso-
lence impunie des grands, enfin quelques

paroles d'indignation éloquente sur la misère du peuple, peuvent donner à plus d'un lecteur la tentation de voir dans la Bruyère un adversaire de la société de son temps, une sorte de réformateur ou, comme on dit aujourd'hui, un des précurseurs de la révolution française. Ce jugement serait inexact en ce sens que la Bruyère, tout en ayant le sentiment très-vif des imperfections de la société française telle qu'il l'a vue et telle qu'il l'a peinte, n'avait point l'idée que cet état de choses pût être réformé ni rapproché des lois éternelles de la justice. Il était trop éloigné de la révolution pour la pressentir, trop bien enchaîné lui-même à sa place dans la hiérarchie sociale pour croire qu'il fût jamais possible de la remanier de fond en comble; il voyait de trop près la solidité de ce monument monarchique et aristocratique qui imposait alors à toute l'Europe, et qu'aucun souffle ne menaçait encore, pour souhaiter ou prévoir, même de loin, la destruction ou l'ébranlement de ce majestueux édifice.

La Bruyère sentait mieux que personne, et exprimait souvent dans les termes les plus heureux, tout ce qu'il y avait de contraire à la nature dans cet ordre politique et social, où il était humblement logé, et quelle violence perpétuelle un tel état de choses faisait à la justice; mais il comprenait que la société dût s'écarter jusqu'à un certain point de la justice et de la nature, et tout en faisant remarquer cet écart dans maint passage de ses écrits, il n'a jamais exprimé l'espérance de le voir comblé ou diminué par la générosité des uns ou par le courage des autres; il a cru de bonne foi léguer à la postérité tout ce qui avait attristé son cœur ou blessé sa raison. S'il n'avait rien de l'utopiste, ou du réformateur, il ne serait pas moins injuste de voir en lui un misanthrope et de croire qu'il ne savait pas prendre en patience ce qu'il considérait comme inévitable. Il ne se laissait pas aller à « cette jalousie stérile ou à cette haine impuissante pour les grands, qui ne nous venge point de leur splendeur et de leur élévation, et qui ne fait qu'ajouter à notre propre misère le poids insupportable du bonheur d'autrui. » Il se gardait de son mieux de toute humiliation ; il évitait avec soin tout abaissement inutile et se résignait à une dépendance nécessaire. Puis, retiré chez lui et la plume à la main, sans autre maître que sa pensée, sans autre souci que celui de bien dire, il faisait passer devant lui cette société superbe, et s'appliquait à la juger et à la décrire avec un art laborieux, mais délicat, et le plus souvent assez heureux pour graver à jamais ses peintures dans la mémoire des hommes.

L'honorable domesticité, dans laquelle s'écoula la seconde moitié de sa vie, avait été elle-même précédée d'une existence plus pénible, et pouvait être considérée, selon les mœurs du siècle, comme le terme

de son ambition, comme une sorte de
récompense. On ne sait qu'imparfaitement
comment la Bruyère vécut jusqu'à trente-
six ans, livré sans doute à cette « hor-
rible peine » de se faire jour qu'il a in-
diquée, en passant, d'un trait si sobre
et si vif au début de son chapitre sur *le
mérite personnel. Se faire jour*, pour lui,
ne fut autre chose que d'être appelé à
enseigner l'histoire au petit-fils du grand
Condé. Le voilà donc pour la vie attaché
à cette altière famille et à deux princes
dont l'un, le père de son élève, « tenoit
tout dans le tremblement, » tandis que
l'autre, le duc, son jeune élève, n'épar-
gnait pas même à ses amis, « des insultes
grossières et des plaisanteries cruelles. »
Ce n'est point la Bruyère, c'est Saint-
Simon qui rend d'eux ce témoignage ; mais
il n'est point douteux que la Bruyère se
tenait avec eux sur ses gardes, se retran-
chant « dans le sérieux, » évitant la fami-
liarité qui lui eût été bientôt rendue en

mépris et forçant la considération par le respect. Il avait sous les yeux l'utile et affligeant exemple de Santeul, qui, s'étant livré sans réserve à la familière et dangereuse gaieté de cette maison, expiait par des injures que la Bruyère n'aurait pu souffrir, la facilité imprudente et presque enfantine de son commerce. On sait que Santeul reçut un jour, en pleine table, un soufflet de Mme la duchesse, suivi, pour le calmer, d'un verre d'eau jeté à la figure; il se contenta de chanter en beaux vers latins cette colère d'une déesse contre un favori des muses. Santeul mourut-il, comme Saint-Simon le raconte, d'une plaisanterie de M. le duc, qui aurait vidé sa tabatière dans un verre de vin de Champagne et qui le lui aurait fait boire « pour voir ce qui en arriverait? » On n'en est pas bien sûr; ce qui n'est que trop certain, c'est que la vie de Santeul aurait servi d'avertissement à la Bruyère, si la Bruyère avait eu besoin d'être averti. Mais la Bruyère était conduit en ces matières par un instinct délicat et sûr, et en montrant sans cesse qu'il n'oubliait point ce qu'il devait à autrui, il empêchait qui que ce fût d'oublier ce qu'on lui devait à lui-même. Il disait volontiers et écrivait même à Bussy-Rabutin : « Les altesses à qui je suis ; » mais il n'était à ces altesses que dans la mesure où les mœurs du temps permettaient au plus honnête homme et à l'esprit le plus libre de leur appartenir.

La gloire littéraire, qui devait venir en aide à la dignité de sa vie, lui arriva trop tard ; elle fut aussi éclatante que soudaine, mais il n'eut guère le temps d'en jouir. La première édition des *Caractères* parut en 1688 ; en 1691, après la sixième édition de son ouvrage, il se présentait à l'Académie française et échouait contre Pavillon, dont le plus grand titre au souvenir de la postérité est certainement d'avoir ainsi pris le pas sur la Bruyère. Enfin, en

1693, l'Académie répara cette injustice à l'égard de l'auteur des *Caractères*. Il fut nommé, non sans peine, et son discours fut, aussi bien que son élection, le sujet des plus amères critiques. Trois ans plus tard une attaque d'apoplexie l'emporta.

A-t-il aimé? et quelle personne a touché son cœur? La question est livrée aux érudits, tant la Bruyère nous a laissés sur ce point dans l'incertitude. Les uns soupçonnent qu'Arténice, dont le beau portrait est comme égaré dans le chapitre des *Jugements*, est une personne véritable que la Bruyère aurait fortement aimée, et, entre autres indices, ils retrouvent son nom à peine déguisé sous le nom d'Arténice. Les autres assurent qu'il ne saurait être question de cette personne, parce que les éloges de la Bruyère porteraient tous à faux s'il avait eu le dessein de la peindre; objection bien faible, puisque le propre de l'amour est de voir les personnes et les choses même autrement qu'elles ne sont.

Quoi qu'il en soit, plus d'un trait de ses écrits nous montre qu'il n'ignorait point au moins dans leur physionomie extérieure et dans leur effet, ce que Pascal appelait les passions de l'amour. L'expérience ne paraît pas étrangère à plus d'un passage du chapitre *Du cœur* : « Le commencement et le déclin de l'amour se font sentir par l'embarras où l'on est de se trouver seuls. » — « S'il se rencontre une femme pour qui l'on ait eu une grande passion et qui ait été indifférente, quelque important service qu'elle nous rende dans la suite de notre vie, l'on court un grand danger d'être ingrat. » Doit-on voir dans ce qui suit l'accent de la jalousie personnelle, ou s'agit-il seulement d'une vérité banale que la Bruyère aurait tâché de relever, comme il le disait, par l'agrément du style? « A juger de cette femme par sa beauté, sa jeunesse, sa fierté et ses dédains, il n'y a personne qui ne doute que ce ne soit un héros qui doive un jour la charmer : son

choix est déjà fait ; c'est un petit monstre
qui manque d'esprit. » Enfin faut-il voir la
raison de son célibat dans quelque inclination sans remède et sans espérance comme
il semble l'indiquer ici d'une façon si délicate : « Il y a quelquefois dans le cours
de la vie de si chers plaisirs et de si ten-
dres engagements que l'on nous défend,
qu'il est naturel de désirer du moins
qu'ils fussent permis? » — ou bien a-t-il
simplement fui le mariage parce que le
mariage « met tout le monde dans son
ordre, » tandis que l'homme libre peut
« s'élever au-dessus de sa fortune, se mêler
dans le monde et aller de pair avec les
plus honnêtes gens? » Ces motifs divers,
mais qui ne s'excluent pas les uns les
autres, ont sans doute eu leur part dans la
destinée de la Bruyère ; il est difficile qu'il
ait traversé d'un cœur toujours calme cette
société élégante, oisive et voluptueuse ; il
est possible qu'il ait aimé quelque personne
au-dessus de lui par le rang et au-dessous

de lui par le cœur, ou quelqu'un qui mé-
ritait de lui inspirer ce sentiment, mais
qui, selon les idées du temps, ne pouvait
y répondre et s'y laisser aller sans déchoir;
il est enfin naturel qu'avec sa prudence
et sa fermeté reconnues, il ait toujours
hésité à « se mettre dans son ordre par le
mariage, » et à faire ainsi partager à un
autre lui-même une situation dont il
sentait si vivement le poids et le péril.

Tenons-nous-en donc à ses écrits et ne
cherchons pas à pénétrer plus avant dans
son âme. La Bruyère n'est pas un de ces
moralistes profonds ou ambitieux qui découvrent la raison des sentiments humains,
ou qui la cherchent, qui s'efforcent de les
suivre jusqu'à leur source, les ramènent
ainsi les uns aux autres, et en réduisent
le nombre à mesure qu'ils les connaissent
davantage, pour s'arrêter seulement devant
ces impulsions primitives qui, sous une
riche diversité de formes et de noms, font
le mouvement de tout notre être et l'agi-

tation de notre vie. Il laisse aux Pascal,
aux la Rochefoucauld, aux Vauvenargues,
cette investigation hardie et cette grande
curiosité qui s'attaquent au fond même
de notre nature. C'est plutôt l'aspect et la
figure de nos passions que leur source qui
l'attirent ; c'est surtout leur physionomie
extérieure, leur allure involontaire ou
calculée, leur marche et leur effet dans
le monde, leur combinaison avec les
accidents de la vie et avec l'ordre de la
société. C'est de ce côté que l'entraînaient
à la fois son esprit peu fait pour la haute
philosophie (comme l'indique son chapitre ingénieux mais faible sur les *Esprits
forts*), son éloignement pour les grands
sujets qui lui semblaient interdits à un écrivain « né chrétien et Français, » son goût
et son talent de peindre, qui ont semé tant
de comédies vivantes et piquantes dans son
œuvre, son inclination enfin à écrire parfaitement, le plaisir qu'il éprouvait en
cherchant à bien dire, et le prix extrême

qu'il attachait à la gloire d'avoir bien dit.
Aussi a-t-il peint les hommes par leurs
dehors plutôt qu'en eux-mêmes; mais
comme les dehors de nos passions ne
changent guère et s'accommodent seulement à la variété des temps et des lieux,
il a plus d'une fois touché ce qui ne passe
pas à travers ce qui passe, et l'homme
éternel se rencontre souvent dans son livre
à côté de l'homme de son siècle et de son
pays. Cependant il a surtout excellé à nous
rendre témoignage de ce qu'il a vu, et la
cour, les grands, les riches, la société et
la conversation, sont les meilleurs sujets de
ses tableaux.

Il est difficile de nous faire aujour-
d'hui une idée juste de ce qu'on appelait alors *la cour*, et surtout d'évoquer
en nous-mêmes les images et les impressions que ce mot devait éveiller dans
l'esprit de la Bruyère. Cette étroite région, pour employer l'expression du moraliste, voyait alors réunies comme dans

un faisceau toutes les influences sociales
qui ont aujourd'hui perdu leur force, en
étant dépouillées ou dégagées de ce qu'elles
avaient d'accablant pour l'esprit des hommes. Aucun effort, par exemple, ne nous
fera bien concevoir, au sein de l'égalité
dans laquelle nous vivons tous plongés,
ce qu'était alors la différence de la
naissance et du rang dans la société
française. Quoi qu'on en dise, la fortune n'impose guère plus aux hommes
de notre temps que le rang et la naissance, et les mêmes raisons qui nous
détournent de respecter les richesses au
delà de ce qu'il convient engagent ceux
qui les détiennent à se les faire pardonner
de leur mieux. Enfin le pouvoir a cessé,
à travers toutes nos révolutions, d'être un
titre à la considération de personne; et
loin d'avoir gardé un prestige suffisant pour
incliner les cœurs, l'autorité, appuyée surtout sur la force, ne parvient pas sans
peine à s'entourer du respect indispensable

au maintien de l'ordre et à l'exécution des
lois.

Mais au temps de la Bruyère, le prestige de la naissance et du rang, l'influence
de la richesse patrimoniale, l'ascendant et
l'éclat du pouvoir étaient intacts et pesaient
de tout leur poids sur ceux qui n'avaient
point leur part de ces titres incontestés à
la déférence de leurs semblables. Bien plus,
tandis qu'aujourd'hui ces avantages, deve-
nus en eux-mêmes si précaires et si min-
ces, sont dispersés dans la société tout entière ; tandis que la naissance est relativement
dépouillée de la richesse et le plus souvent
éloignée du pouvoir ; tandis que la richesse, si fluide d'ailleurs et toujours
prête à s'échapper, n'a le plus souvent
d'autre titre qu'elle-même à la considération d'autrui ; tandis que le pouvoir, presque aussi mobile que la richesse, n'a plus
rien à faire avec la naissance et n'est pas
toujours soutenu du mérite personnel, on
voyait alors la naissance, le pouvoir, la ri-

chesse, rassemblés dans les mêmes mains, confondus sur les mêmes têtes, se prêter un mutuel appui, et ajouter à l'influence qui leur était propre la force et l'éclat qui leur venaient de leur concours. Un même lieu, un étroit espace, ce point du globe que la Bruyère place « à quarante-huit degrés d'élévation du pôle et à plus de onze cents lieues de mer des Iroquois et des Hurons, » contenait cette société brillante vers laquelle étaient tournés tous les yeux, *la cour*, petite patrie au sein de la grande, patrie unique pour la plupart de ses habitants, siége de toute autorité, source de toutes les faveurs, centre de tous les plaisirs. Rien n'y manquait de ce qui pouvait aider à jouir de la vie, la rendre facile, légère à porter, agréable à sentir. Le pouvoir n'y était guère accompagné de peine et de travail, car ce pouvoir venait d'un maître unique et se confondait avec la faveur, qui élève celui qu'elle a touché, sans lui rien demander. L'absence de ces labeurs et de ces soucis, dont le plus haut rang n'exempte aujourd'hui personne, laissait la place libre à l'oisiveté et rendait la distraction nécessaire : « Ames oisives, » dit excellemment la Bruyère, « sur lesquelles tout fait d'abord une vive impression. » La richesse, employée avec art, ajoutait l'éclat et la délicatesse au bien-être et donnait le moyen de prévenir l'ennui par la variété des amusements ; la politesse, apprise dès la naissance et transmise avec le sang, adoucissait les rapports des hommes et glissait quelque charme dans les moindres incidents de la vie ; enfin la légèreté voluptueuse de notre race et la grâce spirituelle des femmes donnaient le mouvement à cette foule brillante, et mêlaient le goût des plaisirs de l'esprit à la recherche des autres plaisirs.

Voilà le spectacle que la Bruyère a vu de près, non pas en ennemi, mais un peu en étranger ; voilà ce qu'il nous a peint, en y revenant toujours au point d'en faire

le fond et l'âme de son œuvre, non pas
avec une haine envieuse, mais avec quelque amertume et avec le sentiment con-
tenu de ce qu'il y avait d'injuste dans cette
dispensation du sort et de la société, pro-
diguant à quelques-uns de ses semblables,
et souvent aux moins dignes d'une telle faveur, tout ce qui peut ici-bas enfler ou
chatouiller le cœur de l'homme, tout, jusqu'au « bonheur d'avoir à leur service des
gens qui les égalaient par le cœur et par
l'esprit et qui les passaient quelquefois. »

II

ON a remarqué avec raison que les portraits célèbres qu'on aime le plus à relire dans la Bruyère ne sont point fondus d'un seul jet, mais composés d'une foule de remarques successives, ajoutées les unes aux autres avec patience et réunies avec art. Ses chapitres sont composés de la même manière que ses portraits. Nulle part on ne le voit entrer hardiment dans un sujet pour le parcourir d'un pas ferme et réglé, jusqu'à ce qu'il en ait touché le terme. Il y pénètre, au contraire, par cent voies différentes, ne s'y engage un moment que pour en sortir, puis y revient encore sous une forme nouvelle, change à chaque instant

de tour, de figure, de langage, ne s'appe-
santit sur rien, et finit cependant par avoir
tout dit. Le chapitre de la cour, par
exemple, commence par des maximes
courtes et vives, se continue par des portraits généraux ou particuliers, est mêlé
de petits discours imprévus et instructifs
que les personnages sont censés se tenir à
eux-mêmes, et se termine comme il a
commencé, par des maximes. Rien de tout
cela ne paraît tenir ensemble ni faire un
corps, et pourtant, lorsqu'on a tout lu,
l'impression est profonde, le tableau paraît complet, et il semble difficile d'y rien
ajouter.

On peut croire que la succession de ces
courts morceaux dont se compose un chapitre de la Bruyère n'a pas été décidée
d'avance, ni réglée par aucune loi de l'art,
puisque chaque édition en accroissait le
nombre, et que le réseau si lâche de cette
composition s'ouvrait sans effort pour faire
place à un nouveau portrait ou à une ré-

flexion nouvelle. Cependant le charme que nous trouvons à parcourir cette sorte de mosaïque aux brillantes couleurs, l'agréable facilité avec laquelle nous traversons ces objets si divers de la pensée et ces formes si variées du langage, nous avertissent assez clairement qu'il n'y a dans cette façon d'aller rien de pénible pour l'esprit ni de contraire à la nature. Si l'on veut même y rêver un peu et se prêter à l'illusion, si l'on veut errer soi-même un instant avec la Bruyère au sein de la cour et dans le monde, ignoré comme lui dans cette foule orgueilleuse et s'écartant avec lui pour laisser passer ses modèles, on trouvera plus naturelle que ne l'eût été aucune autre l'ordonnance si libre et si vive qui a mêlé dans une confusion apparente ces maximes, ces portraits et ces discours. La Bruyère réfléchit et il écrit ce qu'il pense, il regarde et il dépeint ce qu'il voit, il écoute et il redit ce qu'il entend. Voici N.... qui arrive avec grand bruit, écarte tout le monde,

se fait faire place, gratte, heurte presque ;
il se nomme, on respire, il n'entre qu'avec
la foule. Voici d'autres gens qui entrent
sans saluer, marchent des épaules, se ren-
gorgent, interrogent sans regarder jusqu'à
ce qu'il survienne un grand qui fasse tomber cette hauteur contrefaite. Voyez maintenant passer gravement Cimon et Cli-
tandre ayant pour unique affaire de paraître chargés des affaires de l'État. Quel
est ce débordement de louanges qui inonde
tout à coup les cours, la chapelle, qui
gagne l'escalier, les salles, la galerie ? On
en a au-dessus des yeux, on n'y tient pas ;
c'est un tel qui vient d'être placé dans un
nouveau poste et le torrent de l'adulation
emporte tout le monde. Pourquoi Timante,
presque abandonné naguère, est-il entouré
comme jadis, assailli de gens qui veulent
tous le tirer à l'écart pour l'entretenir mys-
térieusement de rien ? Une disgrâce apparente avait effacé tous ses mérites, une
faveur imprévue vient de les lui rendre.

Voyez plus loin serpenter Théodote prêt à demander, et pour de bonnes raisons, la place de Cassini pour le suisse ou le postillon du favori, si l'occasion s'en présente, prêt à tout sacrifier à ce qui porte les livrées de la faveur. Écoutez ce plaintif murmure du courtisan dégoûté, mais dégoûté pour un jour, de son triste labeur : « Les deux tiers de ma vie sont écoulés ; pourquoi m'inquiéter tant sur ce qui m'en reste ? La plus brillante fortune ne mérite point ni le tourment que je me donne, ni les petitesses où je me surprends, ni les humiliations, ni les hontes que j'essuie ; trente années détruiront ces colosses de puissance qu'on ne voyait bien qu'à force de lever la tête ; nous disparaîtrons, moi qui suis si peu de chose, et ceux que je contemplais si avidement et de qui j'espérais toute ma grandeur : le meilleur des biens, s'il y a des biens, c'est le repos, la retraite, et un endroit qui soit son domaine. » Mais le maître a paru, et les voilà tous enlaidis par

sa présence ; à peine les peut-on reconnaître,
tant leurs traits sont altérés et leur conte-
nance avilie. Les plus superbes sont les
plus défaits ; l'homme modeste, descendant
de moins haut, se soutient mieux. Enfin
commence cette messe royale où les grands,
formant un vaste cercle au pied de l'autel
et la face élevée vers le prince, paraissent
l'adorer lui-même, tandis qu'il paraît adorer Dieu. Quelle étude suivie, quelle description régulière de la cour et du monde
vaudrait cet admirable et capricieux mélange d'incidents, de personnages et de pensées, image fidèle de la nature ? C'est ainsi
que les grands, les riches, les lettrés, les
avocats, les prédicateurs, toutes les figures
originales que peuvent produire les com-
binaisons de la nature avec les lois et les
usages du monde, traversent comme en
courant les divers chapitres de cet ouvrage
immortel ; tous ces personnages ont gardé
leur physionomie et leur allure, ils ont
l'air de ne songer qu'à eux et d'aller

à leurs affaires; ils se pressent et se mêlent dans le libre mouvement de ce livre comme ils se coudoyaient dans le tumulte de la vie.

Aussi le mot de comédie vient-il aux lèvres lorsqu'on voit marcher avec naturel tant de caractères originaux. Et cependant ce n'est point une comédie, non-seulement parce qu'on ne peut saisir dans les actes de tous ces personnages une action suivie, et qu'ils ne sont point lancés ni engagés les uns contre les autres, mais encore parce que leur caractère est dessiné d'une façon plus savante, plus fine, plus déliée que le caractère de ces personnages d'un ordre différent que le poëte comique destine à se mouvoir sur la scène et à saisir fortement l'esprit du spectateur. Pour intéresser, pour émouvoir et même pour laisser dans l'imagination la vive impression d'un caractère, le poëte comique est inévitablement conduit à forcer un peu la nature et à s'écarter jusqu'à un certain point

de la vraisemblance. Il fait violence à la
réalité de diverses manières, non-seulement en resserrant et en précipitant l'action plus que ne le comporte le train ordinaire de la vie, mais en donnant au caractère de ses personnages plus de relief et à
leurs actes plus d'emportement ou de résolution que ne le permettrait une reproduc-
tion discrète de la nature. Le poëte comique ne fait comprendre et admirer un personnage de la foule qu'en le peignant de
couleurs plus fortes, en le faisant aller plus
vite et en le poussant plus loin que ne le
ferait le moraliste, étudiant le même mo-
dèle à son aise, et uniquement appliqué à
serrer de près la vérité. Voulez-vous avoir
une juste idée de cette différence? Voulez-
vous sentir l'avantage du moraliste dépei-
gnant à loisir un caractère sur le poëte comique qui ne peut nous montrer ce même
caractère qu'en action, et qui est conduit
à le faire agir avec quelque excès pour
nous le faire mieux comprendre? Lisez

dans la Bruyère le portrait d'Onuphre, composé avec l'intention évidente de mettre en lumière toutes les fautes contre la vraisemblance dont le *Tartufe* de Molière peut être accusé. Il est certain qu'Onuphre est plus voisin que Tartufe de la vraisemblance et de la réalité. Onuphre se garderait de dire *ma haire et ma discipline*, il fait seulement en sorte que l'on croie qu'il porte une haire et se donne la discipline ; il ne s'aventure pas auprès de la femme de celui qu'il veut dépouiller ; du moins il ne lui fera pas d'avances ; il est homme à s'enfuir et à lui laisser son manteau, s'il n'est aussi sûr d'elle que de lui-même. Il n'est point curieux d'un tel péril ; il sait où sont les femmes qui prospèrent et fleurissent à l'ombre de la dévotion. S'il convoite un héritage, il ne se joue pas à la la ligne directe : il ne va pas se heurter avec scandale à des droits trop forts et trop inviolables ; il est la terreur des collatéraux. Enfin il est si consommé en ca-

lomnie qu'il ne se donne plus la peine de
médire ; il se contente de sourire ou de
soupirer sur le fait du prochain ; il n'a
que faire de parler pour être entendu. Cet
hypocrite est plus près que l'autre de la
vraisemblance, plus accommodé aux circonstances extérieures ; nous sommes plus ex-
posés à sentir Onuphre ramper sous nos
pieds ou glisser entre nos doigts qu'à rencontrer Tartufe lâché comme une bête
fauve à travers les lois de la société, les
liens de la nature et les usages du monde.
Et pourtant ils sont de même famille, et
c'est bien le même homme que le moraliste et le poëte comique ont voulu nous
peindre ; mais le premier contemple l'hypocrite à loisir et le décrit avec une fidélité
minutieuse ; le second le traîne sur la
scène et le pousse violemment d'incidents
en incidents jusqu'à l'entier développe-
ment de son caractère et jusqu'à l'avorte-
ment de ses desseins. L'espace, le temps,
l'attention même, tout fait défaut au poëte

comique pour nous conduire plus lentement et plus avant dans l'intérieur de son
personnage; il ne peut nous le décrire et
il doit le faire agir, en obéissant aux lois
de la perspective théàtrale, en poursuivant
les grands effets que la scène exige. L'art
est plus fin chez le moraliste; il est plus
imposant chez le poëte. Il faut plus de
puissance et de courage pour façonner à
grands traits la fresque ou la frise qui de
loin et de haut saisiront et contenteront
nos regards, que pour parfaire ces ouvrages délicats sur lesquels nous pouvons
promener la main en même temps que les
yeux.

L'exacte vérité dans les choses ne suffit
pas à la Bruyère; il poursuit avec le
même scrupule, ou, pour mieux dire, avec
le même plaisir la vérité dans les termes.
Il y a bien moins de fantaisie qu'on ne
l'imagine dans l'infinie variété de ses
tours; il n'en prend guère qui ne soit
choisi avec discernement, mis à sa place,

employé à propos. Il y a une raison, et
on la découvre, dans sa manière de com-
mencer et de finir, dans ses interpellations
soudaines, dans ses comparaisons hardies,
dans la gradation de ses expressions et de
ses figures qui vont se resserrant et s'ai-
guisant toujours, jusqu'à un dernier mot
ou un dernier trait auquel il s'arrête,
parce qu'en effet, au delà, il n'y a plus
rien. Quelle marche savante dans cette
description des âmes vénales : « Il y a des
âmes sales, pétries de boue et d'ordure,
éprises du gain et de l'intérêt, comme les
belles âmes le sont de la gloire et de la
vertu, capables d'une seule volupté qui
est celle d'acquérir ou de ne point perdre,
curieuses et avides du denier dix, uniquement occupées de leurs débiteurs, toujours inquiètes sur le rabais ou sur le dé-
cri des monnaies, enfoncées et comme
abîmées dans les contrats, les titres et les
parchemins. De tels gens ne sont ni pa-
rents, ni amis, ni citoyens, ni chrétiens,

ni peut-être des hommes ; ils ont de l'argent. » Quelle hardiesse heureuse et opportune dans l'apostrophe célèbre : « Fuyez, retirez-vous, vous n'êtes pas assez loin. Je suis, dites-vous, sous l'autre tropique. Passez sous le pôle et dans l'autre hémisphère ; montez aux étoiles si vous pouvez. — M'y voilà. — Fort bien ; vous êtes en sûreté. — Je découvre sur la terre un homme avide, insatiable, inexorable, qui veut vivre aux dépens de tout ce qui se trouvera sur son chemin et à sa rencontre, et quoi qu'il en puisse coûter aux autres, pourvoir à lui seul, grossir sa fortune et regorger de biens. » La vivacité du tour n'est ici que le vêtement léger d'une impression vive ; est-il une façon plus ingénieuse de nous présenter ce personnage redoutable et de nous engager à le fuir ?

Mais on sent, dit-on, trop d'esprit dans ces pages savantes ; l'art y est trop visible, et, tout habile que cet art se montre, il a le tort de se montrer. Il serait malaisé de défendre la Bruyère de ce reproche ; qu'est-il besoin d'ailleurs de l'en défendre ? Il est plus d'une façon de bien écrire, et si l'on peut préférer l'une à l'autre, c'est pourtant avoir touché le but que d'être écouté des hommes et que de leur plaire longtemps après qu'on a cessé d'être. Chacun suit son chemin vers la postérité, il n'en est point de mauvais pourvu qu'il y conduise. A vrai dire, l'écrivain ne choisit guère ce chemin ; il y est doucement engagé par la nature, et il se ferait une violence inutile en essayant de se détourner vers un autre. Les idées s'offrent à chacun de nous sous des aspects variés et provoquent en nous des mouvements divers que l'art peut régler sans en altérer sensiblement le cours. Il en est que l'inspiration envahit comme un flot brûlant, qui peuvent à peine la soutenir, qui en sont étourdis et presque enivrés, comme il arriva un jour à Rousseau, jusqu'à ce que la pensée qui les oppresse se

condense en eux-mêmes et se fasse jour au
dehors par un large courant d'éloquence ;
et alors même ils savent bien qu'ils n'expriment qu'une faible partie de ce qu'ils
sentent, et que le meilleur de cette rosée
céleste est remonté en s'évaporant vers les
régions mystérieuses d'où elle était descen-
due. Il en est d'autres que les idées hantent
et lutinent comme une troupe de nymphes
sauvages et légères, qui les poursuivent,
les atteignent, les captivent, les ornent
avec amour et nous les amènent enfin familières et souriantes, couvertes d'une gra-
cieuse parure. D'autres encore, ouvriers
ingénieux et habiles, vont par les chemins
et ramassent non point quelque diamant
rare, non point quelque perle introuvable,
mais quelques-uns de ces cailloux sur lesquels ont glissé les yeux de tout le monde,
et qui ont été longtemps foulés par le pied
dédaigneux du passant ; ils les nettoient
avec patience, les dépouillent de leur rude
enveloppe, les taillent enfin avec art, et

les couvrent de facettes si heureusement disposées, si adroitement polies, que la lumière, en s'y jouant, y produit mille effets nouveaux et permet à peine de les reconnaître ; et comme ils sont de nature vulgaire et d'usage commode, ils courent désormais de main en main et accroissent la richesse commune de l'humanité. La Bruyère est un de ces patients et adroits lapidaires qui reçoivent, à défaut du don de créer ou de découvrir, le pouvoir et le goût d'embellir à jamais tout ce qu'ils ont touché. Il obéissait à la nature et trouvait à suivre son penchant la plus pure jouissance. Il contemplait une idée commune jusqu'à ce qu'il la vît reluire, il la maniait jusqu'à ce qu'il la fît briller ; et si le mot ne semblait point un peu dur pour le genre de volupté le plus délicat et le plus honnête qui se puisse concevoir, on pourrait dire qu'il a savouré en épicurien le plaisir de faire produire de nouveaux fruits aux parties de l'esprit humain les plus fati-

guées par la culture, comme il se plaisait
à renouveler, par toutes les tournures
imaginables, les ressources du langage
français.

VAUVENARGUES

VAUVENARGUES

IL est difficile d'ouvrir le recueil si court des écrits de Vauvenargues sans le voir paraître lui-même et sans fixer sur lui les yeux. Peu s'en est fallu pourtant qu'il n'échappât tout à fait à nos regards et qu'il n'eût pas même cette gloire posthume qui l'entoure aujourd'hui, en échange de cette influence sur les affaires humaines et de cette renommée parmi ses contemporains qu'il a si ardem-

ment et si vainement désirées. « Comme
on marche sur l'or et les diamants enfouis
dans le sein de la terre, » avons-nous lu
quelque part, « on passe en aveugle à côté
de grandes âmes auxquelles l'air et la lumière ont manqué. » C'est l'histoire de
cette triste et noble existence ; on voit
presque jusqu'au dernier jour Vauvenargues étouffer faute d'air et de lumière.
Tout lui manque, un théâtre digne de lui,
des amitiés puissantes, la santé, l'occasion,
la vie enfin au moment où allait com-
mencer sa gloire. Comme son héros Clazomène, « quand la fortune a paru se lasser
de le poursuivre, quand l'espérance trop
lente commençait à flatter sa peine, la
mort s'est offerte à sa vue. »

Cependant, à bien considérer son histoire, elle n'est point semée de difficultés
extraordinaires, et c'est la brièveté de sa
vie qui a été son véritable malheur. Il
n'avait, après tout, que trente et un ans le
jour où son nom sortait de l'obscurité, et il

allait atteindre cette réputation dont la soif l'avait consumé depuis les premiers jours de sa jeunesse. Mais comme il a été enlevé du monde au moment d'y prendre sa véritable place, et que tout ce qu'il avait écrit jusqu'à ce jour était rempli de sa juste plainte contre le sort, il est resté devant nos yeux comme une des victimes les plus malheureuses et les plus touchantes de la fatalité. Si pourtant il avait accompli sa carrière ou vécu seulement vingt années de plus, les épreuves de son noviciat et les dégoûts de sa jeunesse ne nous paraîtraient point sans doute hors de proportion avec le bonheur et l'éclat de sa destinée.

Tel qu'il est, grandissant au milieu d'une ambition stérile, enlevé au seuil de la maturité, et déposant dans chaque page qu'il écrit sa protestation contre la fortune, il inspire la compassion la plus vive. Plus on le lit, plus on croit voir un homme enseveli vivant, qui ferait un continuel effort

pour soulever la pierre de son sépulcre, et
retomberait épuisé au moment même où
il entrevoit la lumière. Que de fois il a tenté
de se faire entendre et d'élever la voix jusqu'à ceux qui pouvaient lui ouvrir un chemin pour sortir de son obscure solitude !
C'est ainsi qu'au retour de la funeste retraite de Prague, dégoûté plus que jamais
de la guerre, et tournant vers les lettres
toutes ses espérances, il écrit à Voltaire
et lui envoie son parallèle entre Corneille
et Racine. Certes, ce n'est point un jugement littéraire irréprochable, et l'on ne peut
tout à fait demeurer d'accord avec Vauvenargues que « les héros de Corneille disent
de grandes choses sans les inspirer, tandis
que ceux de Racine les inspirent sans les
dire ; que les premiers parlent longuement
afin de se faire connaître, et que les autres
se font connaître parce qu'ils parlent. »
On ne peut vraiment louer de n'avoir jamais fait parler ces personnages, afin qu'ils
se fassent connaître, celui qui a revêtu d'une

magnifique éloquence la haine de Mithri-
date contre Rome, le ressentiment de Ma-
than contre le Dieu qu'il a quitté, la confiance superbe de Joad. Et faut-il accuser
celui qui a courbé Cinna sous la parole
d'Auguste et qui a fait écouter à Camille
pâlissante le récit de la mort de son amant,
d'avoir méconnu ce qu'il y a d'éloquent
dans le silence ? Il était cependant naturel
que Vauvenargues, ennemi de toute en-
flure, fût à la fois blessé des défauts de
Corneille et du caractère trop hardi de ses
beautés. Le langage pompeux de ces héros,
leurs prétentions souvent exagérées à la
grandeur devaient l'offenser, lui qui souf-
frait de sa propre ambition et qui aimait à
en parler avec une sorte de pudeur et à
mots couverts, même lorsqu'il se plaignait
de son siècle à la postérité. La mélancolie
discrète d'un Bajazet, d'un Xipharès, d'un
Britannicus, devait au contraire parler à
son cœur ; il devait aimer en eux leur destinée incomplète, leur ardeur contenue,

leurs tristes pressentiments. Ne se croyait-
il point né pour l'action et la gloire comme
eux pour l'empire, et ne se voyait-il point
comme eux dépouillé de son héritage ?

L'action ! voilà le mot qui revient peut-
être le plus souvent dans les écrits de Vauvenargues, voilà l'image et le rêve qui ob-
sédaient sa pensée. Et il entendait surtout
par l'action l'influence sur les affaires humaines, la lutte de l'intelligence aux prises
avec les difficultés et avec les hommes.
Officier maladif et mécontent, ayant traversé de tristes guerres, instrument passif
et subalterne des idées et de la volonté d'autrui, il s'était fait de la politique et de la
diplomatie, qui décident de la paix et de la
guerre et qui régissent avec tant d'autorité
les destinées particulières enveloppées dans
la destinée générale, une imposante et sé-
duisante image. De plus, il se croyait capable d'agir sur l'esprit des hommes et
particulièrement propre à les pénétrer.
C'est évidemment l'idéal du négociateur,

le négociateur-moraliste qu'il a voulu peindre dans ses *Caractères* sous le nom de *Théophile* ou la *profondeur* : « Il a été touché dans sa jeunesse, dit-il, d'une forte curiosité de connaître le genre humain et le différent caractère des nations. Poussé par ce puissant instinct et peut-être aussi *par l'erreur de quelque ambition plus secrète*, il a consumé ses beaux jours dans l'étude et dans les voyages.... » On sait quel fut le résultat pour Vauvenargues de ce mouvement d'ambition et de cette lueur d'espérance. On connaît ces lettres adressées au roi et au ministre des affaires étrangères pour obtenir du service dans la diplomatie, et le silence bien naturel de ces puissants correspondants auxquels Vauvenargues était inconnu. Pour lui, plus la démarche lui avait coûté, plus il fut mortifié de la voir inutile. « Personne, écrit-il dans ses *Maximes*, ne peut se vanter de n'avoir pas été méprisé ; » et encore : « Clazomène a été offensé de ceux dont il

ne pouvait prendre de vengeance. » Une
seconde lettre fort noble, accompagnant sa
démission d'officier, attira enfin sur lui
quelque attention et lui valut une promesse, mais rien de plus, et le reste de sa
triste existence s'écoula dans la méditation
et dans la douleur. Ses traits, sa vue,
étaient déjà atteints par une maladie cruelle et sans remède. C'est au milieu de ses
souffrances et pendant le court répit que
lui laissait la mort qu'il acheva le monument sur lequel devait rester gravé son
nom. La lenteur de sa fin lui permit de
voir publier à Paris, en 1746, son *Introduction à la connaissance de l'esprit humain*.

Certes, rien ne justifie mieux que ce surprenant ouvrage l'exclamation de Voltaire;
« Par quel prodige avais-tu à vingt-cinq ans
la vraie philosophie et la vraie éloquence
sans autre étude que le secours de quelques
bons livres ! » Tout s'explique pourtant,
si l'on considère quels étaient ces bons li-

vres. Ce sont surtout les moralistes du dix-
septième siècle, et Vauvenargues tira de
leur fréquentation assidue deux avantages :
la noblesse et la pureté de son style, qui
reste cependant original et personnel.
parce qu'il met dans ce qu'il écrit toute
son âme; et un vif éloignement pour
cette dure sévérité que les écrivains du
grand siècle ont montrée à l'égard de la
nature humaine. C'est la lecture assidue
de ces invectives religieuses et philosophiques contre nos faiblesses qui donna
l'élan à l'esprit de Vauvenargues et lui fit
embrasser avec une ardeur généreuse la
cause trop délaissée de l'homme. Fatigué
d'entendre déclarer sous toutes les formes
que l'homme est naturellement pervers, et
incapable de faire le bien sans se faire d'a-
bord violence à lui-même, il veut récon-
cilier la nature humaine avec la justice. Il
refuse de voir l'idéal d'une vie vertueuse
dans le mépris des attachements les plus légitimes et des plus innocents plaisirs, de

l'ambition la plus élevée et de la gloire la plus pure. Il ne peut se résoudre à croire que tout ce qu'il aime ardemment ne peut être aimé sans crime ; il déclare enfin la guerre à cette cruelle vertu, qui confond, comme la tyrannie, la paix avec la solitude, et qui veut dépeupler l'âme de ses plus nobles passions comme on exile les plus nobles citoyens d'un État qu'on veut asservir.

Cette défense de l'homme « jusque-là en disgrâce chez tous ceux qui pensent » est le fond de tout ce qu'il écrit. C'est sa marque distinctive et son originalité ; c'est aussi le fondement de ses pensées les plus hautes, car il sent le besoin de rattacher l'homme au reste de la nature et tend incessamment à s'élever de l'explication équitable des passions humaines à la conception de l'ordre universel. Adversaire constant de Pascal et de ces philosophes qui s'étudient à représenter l'univers comme semé de problèmes insolubles, afin de nous réduire à une seule façon de les résoudre, il s'appuie fermement à ce principe : qu'il n'y a point de contradiction dans la nature. Il étudie donc les passions humaines avec finesse, cherchant toujours à montrer comment elles peuvent se concilier avec la vertu, comment même elles peuvent souvent nous y conduire. « Si vous avez quelque passion qui élève vos sentiments, s'écrie-t-il dans ses *Conseils à un jeune homme*, qui vous rende plus généreux, plus compatissant, plus humain, qu'elle vous soit chère ! » et il donne à cette partie de ses écrits ce titre d'une éloquence si concise et si forte, qui paraît résumer son œuvre et raconter sa vie : « *Aimer les passions nobles.* »

Il ne faut donc pas condamner ces puissants ressorts de l'âme humaine, encore moins chercher à les briser, comme ces médecins qui « détruisent le corps pour détruire un vice du sang souvent imaginaire ; » il ne faut point mettre l'homme en contradiction avec l'univers qui suit sa loi et rencontre sa perfection dans un mou-

vement éternel. Vauvenargues insiste sur
tout ce que nous devons aux passions de
grandes actions et de grandes pensées; il
s'élève contre ces siècles, les plus vicieux
de tous, qui désavouent l'ambition, la
gloire, l'amour; contre les hommes qui,
méprisant hautement les grandes passions,
se piquent à leur tour des goûts les plus
méprisables. Il ne sépare pas de la défense
des passions nobles le plaisir que leur satisfaction nous donne. Le plaisir n'est
point à ses yeux le signe certain d'une
faute, et l'on peut faire le bien avec complaisance sans démériter. Qu'importe que
nous fassions le bien sans effort, qu'une
bonne passion nous y entraîne, qu'il nous
soit même impossible de nous en abstenir?
Ce bien cesse-t-il pour cela d'être un bien?
la maladie, la santé changent-elles de caractère parce qu'elles nous sont imposées,
et les perfections divines cessent-elles d'être
des perfections parce qu'elles sont nécessaires? Qui oserait nous défendre de trou-

ver du plaisir à bien faire, et que veut dire Dieu lui-même quand il nous ordonne *d'aimer* la vertu? Il fait donc souvent et sans scrupule l'éloge du plaisir, comme le signe et l'accompagnement mystérieux du bien, et, pour lui, « le secret du moindre plaisir de la nature passe la raison. »

Enfin, avec une logique qui a échappé à la plupart de ses commentateurs, il refuse d'admettre le libre arbitre comme l'entendaient les moralistes qu'il réfute, et sa théorie de la liberté de l'homme, bien qu'à peine ébauchée, est inséparable de ses autres vues sur la nature humaine et sur le monde. A ses yeux, nos actes apparents de libre arbitre ne sont que le résultat nécessaire de la lutte inégale de nos désirs, et c'est seulement en prenant la forme d'un désir et d'une passion pour entrer dans cette arène et pour y triompher, que la notion du bien peut l'emporter dans nos âmes. D'où vient donc, selon Vauvenargues, l'illusion du libre arbitre? Un philosophe que Vauvenargues n'avait jamais lu, Spinoza, avait dit que « les hommes se croient libres parce qu'ils ont conscience de leurs actions sans avoir conscience des causes qui les déterminent. » Vauvenargues attribue cette illusion à « la vitesse infinie du mobile de nos actions; la volonté paraît, le sentiment n'est plus, et l'on doute qu'il ait jamais été. » Ce même philosophe avait dit que la liberté n'était autre chose que notre adhésion intelligente à une action nécessaire, et par une de ces rencontres qui lui sont familières au fond de sa solitude, Vauvenargues écrit : « Une action nécessaire peut être volontaire et libre par conséquent. » Enfin il rattache la nécessité des actions humaines à l'ordre général du monde, et s'écrie avec une émotion religieuse : « Connaissons notre sujétion profonde.... adorons la hauteur de Dieu qui règne dans tous les esprits comme il règne sur tous les corps; déchirons le voile qui cache à nos faibles regards la chaîne éternelle du monde et la gloire du Créateur. Une dépendance si noble dans toutes les parties de ce vaste univers doit conduire nos réflexions à l'unité de leur principe. Cette subordination fait la solide grandeur des êtres subordonnés. »

Il est surprenant qu'on ait si souvent fermé les yeux sur le sens et la portée de ces fragments de Vauvenargues où est traitée à fond la question du libre arbitre. Tantôt on veut y voir des objections qu'il se faisait à lui-même, tantôt les opinions de sa jeunesse, consignées dans ses écrits pour mémoire et abandonnées plus tard. Rien de moins justifiable que ces interprétations diverses. Ces pages profondes éclairent le reste de ses écrits et sont éclairées par eux d'une vive lumière. C'est le point d'appui de sa vive et continuelle argumentation contre ceux qui confondent la vertu avec la lutte de l'homme contre lui-même, et qui font de l'effort le signe du bien; c'est le fond de cette affirmation constante et sans cesse renouvelée dans ses écrits : que la réalité de la vertu est indépendante de ce qu'elle coûte, que le bien où l'on se plaît ne cesse pas d'être le bien, et qu'il faut se garder de croire que ce qui est nécessaire n'est d'aucun mérite ; c'est enfin de cette théorie et non d'ailleurs que vient le rôle principal et légitime qu'il attribue aux passions dans le gouverne-ment de l'esprit humain et du monde.

Où est cependant la distinction du bien et du mal moral dans ce système qui laisse la vertu dans un si dangereux voisinage de la passion et du plaisir? Les sentiers que suit l'esprit humain en quête de la vérité ne sont point en nombre infini, et c'est souvent sans se voir les uns les autres que les philosophes s'y engagent et se suivent de près. Vauvenargues ne connaissait pas plus le système de Kant, qui devait naître après lui, qu'il n'avait lu *l'Éthique*, et cependant sa distinction du bien et du mal est de l'école de Kant non-seulement

pour le fond, mais pour les termes. « Dire
simplement, écrit-il, que la vertu est la
vertu parce qu'elle est bonne en son fonds,
et le vice tout au contraire, ce n'est pas
les faire connaître. La force et la beauté
sont aussi de grands biens ; la vieillesse et
la maladie, des maux réels ; cependant on
n'a jamais dit que ce fût le vice ou la
vertu. Le mot de vertu emporte l'idée de
perfection, l'idée de quelque chose d'estimable à l'égard de toute la terre ; le vice
au contraire. Or, il n'y a que le bien et
le mal moral qui portent ces grands caractères. La préférence de l'intérêt général au personnel est la seule définition
qui soit digne de la vertu et qui doive en
fixer l'idée. » — Qu'est-ce donc que la
définition de Kant pour une action vertueuse : « Une action dont le motif puisse
être érigé en règle universelle, » sinon « ce
quelque chose *d'estimable à l'égard de
toute la terre*, et cette préférence de l'intérêt général au personnel » que Vauve-

nargues déclare être le signe distinctif et constant de la vertu?

Tel était à peu près le système qui rattachait aux yeux de Vauvenargues ces méditations éparses, jetées sur le papier à travers les dégoûts de la solitude et les agitations stériles de son existence. Il sentait sa vie s'échapper, et désespérait d'achever ce tableau systématique de l'esprit humain qu'il avait eu la noble ambition d'entreprendre. « Un travail si long, écrivait-il avec la résignation la plus touchante, ne peut *maintenant* m'arrêter. » Les chapitres qui devaient être étendus restent donc ébauchés; Ils se brisent en fragments de plus en plus courts, et bientôt en pensées détachées qui brillent d'un vif éclat dans leur beauté solitaire, fondements dispersés, colonnes inachevées qui ont la grâce et la dignité des ruines et qu'aucun monument n'a pourtant couronnés.

Une seule chose est complète dans ses touchants écrits, c'est le portrait qu'il y a tracé de lui-même, non pas une fois, mais presqu'à chaque page, tantôt en traits épars et en aveux voilés, tantôt avec plus de complaisance et d'involontaire abandon. *Caractères, dialogues*, tout nous parle de lui, tout nous raconte son ambition souffrante et, en même temps, son effort admirable et impuissant pour prendre une bonne fois en dédain tous les biens qu'il eût voulu conquérir. La grandeur d'âme, cet instinct élevé, comme il l'appelle, « qui porte les hommes au grand, de quelque nature qu'il soit, » peut être employée de deux manières et nous rendre divers services. « Tantôt, dit-il, elle cherche à soumettre par toutes sortes d'efforts et d'artifices les choses humaines à elle, et tantôt, dédaignant ces choses, elle s'y soumet elle-même, sans que sa soumission l'abaisse, pleine de sa propre grandeur et contente de se posséder. » Réussit-il un seul jour à tourner ainsi vers la résignation sa grandeur d'âme ? Peut-être ; mais c'est au contraire le ma-

laise d'une âme hors de sa place et op-
primée par la fortune qui revient le plus
souvent dans ses confessions indirectes,
pleines d'une amère éloquence. Tantôt il
plaint *Cirus* « que la médiocrité avilit, que
la prospérité seule pouvait développer; »
tantôt il peint avec une vérité saisissante
l'ambitieux *Cléon* indifférent aux beautés de la nature, ne faisant nulle attention au changement des saisons, ne trou-
vant nulle grâce au printemps, mais
sentant à la moindre lueur d'espérance
« la joie consumer ses entrailles comme
un feu ardent qu'il porte au dedans de lui-
même. » Il écrit enfin ce *Clazomène*,

> Le plus beau des portraits où lui-même s'est peint,

un des cris de douleur les plus éloquents
que l'ambition trompée et la rigueur du
sort aient jamais arrachés au cœur de
l'homme.

« Si la vie n'avait point de fin, écrit-il

quelque part, qui désespérerait de sa fortune ? La mort comble l'adversité. » Ce comble de l'adversité, il le vit venir avec courage. C'est autour de lui qu'on eut le cœur serré en voyant disparaître avec une rapidité si funeste un moraliste de trente et un ans, qui, après Pascal et la Rochefoucauld, avait découvert et marqué plusieurs grands traits dans l'âme humaine, qui avait peint, après la Bruyère, quelques caractères originaux, qui avait enfin loué l'ambition et la gloire avec une éloquence si forte et si simple qu'elle eût été convenable dans la bouche des plus grands hommes. Éternel problème de la destinée humaine ! Ce jeune homme grandit à travers les faiblesses de son enfance et les périls de sa jeunesse, passée dans la guerre ; il les surmonte, il médite, il écrit, son génie se découvre à lui-même et aux autres ; il est né sans doute pour l'ornement de son siècle et de son pays ?... Il est né seulement pour une constante douleur et pour le regret de la postérité. Peut-on éviter, devant un tel spectacle, d'entendre retentir à son oreille cette plainte profonde du poëte latin, inutile question, adressée avant lui comme après lui à la nature silencieuse :

.... Quare mors immatura vagatur ?

DE LA CHAIRE

A PROPOS

DE LA BRUYÈRE

DE LA CHAIRE

A PROPOS

DE LA BRUYÈRE

———

'ADMIRABLE chapitre de la
Bruyère sur la *Chaire* est le
tableau achevé et la mordante
critique de l'éloquence religieuse de ce
temps-là. Que de portraits dans ce court
morceau, reconnaissables pour les contemporains, réels et vivants pour la pos-

térité ! Voici le beau diseur, refroidissant sous ses périodes étudiées les plus émouvantes questions de doctrine ou de morale. Voici le citateur, le pédant, pressant et étouffant toute l'antiquité dans un sermon ; le diviseur impitoyable avec ses trois points ou ses trois vérités de plus en plus importantes et de plus en plus capitales ; puis le peintre affecté et hardi de nos vices qui paraît chercher à flatter ce qu'il vient combattre, et qui renvoie ses auditeurs plus enclins au péché qu'à la pénitence ; voici enfin le pire de tous, le courtisan dans la chaire, prêt à abaisser l'Éternel devant la moins respectable de ses créatures, rapportant du plus haut des cieux les flatteries les plus rares, exposé quelquefois, par l'absence de sa périssable idole, à changer le thème et à « louer Dieu dans un sermon précipité. »

Ce n'est pas sans quelque jalousie que le silencieux la Bruyère, enfermé dans son cabinet, libre seulement la plume à la

main, comme un Saint-Simon moraliste,
écoute et juge ces orateurs si respectés de
la chaire chrétienne qui possédaient seuls
alors avec les avocats le privilége de la parole publique. Il compare volontiers ces
deux sortes d'orateurs, et il abonde en
bonnes raisons pour donner d'abord à
l'avocat le mérite du plus grand labeur et
de la plus forte difficulté vaincue. L'avocat
est un combattant ; « il ne se met pas au
lit après avoir plaidé ; on ne l'essuie point,
on ne lui prépare point des rafraîchisse-
ments, il ne se fait point dans sa chambre
un concours de tous les états et de tous
les sexes pour le féliciter sur l'agrément et
sur la politesse de son langage, lui remettre
l'esprit sur un endroit où il a couru risque
de demeurer court, ou sur un scrupule
qu'il a sur le chevet d'avoir plaidé moins
vivement qu'à l'ordinaire…. » La Bruyère
ne tarde pas cependant à reconnaître, avec
cette justesse infaillible d'esprit qui chez
les hommes très-fins tient souvent lieu de

justice, que la nouveauté du sujet, l'intérêt
puissant du combat, la force et la variété
des raisons soutiennent mieux l'avocat que
le prédicateur, toujours aux prises avec un
sujet éternel ; et il conclut excellemment
que « s'il semble plus aisé de prêcher que
de plaider, il semble aussi plus difficile de
bien prêcher que de bien plaider. » Mais
le succès trop facile de tant de froids prédicateurs l'irrite ; il souffre de l'affluence
complaisante qui les entoure et se laisse
aller à en donner durement la raison :
« l'oisiveté des femmes et l'habitude qu'ont
les hommes de les courir partout où elles
s'assemblent. »

Au-dessus du prédicateur, au-dessus de
l'avocat lui-même, il mettrait volontiers
l'auteur qu'on lit et qu'on étudie à loisir
dans le silence du cabinet, qu'on tient tout
imprimé sous la main comme un justi-
ciable, contre lequel on est toujours tenté
d'avoir de l'esprit afin de revendiquer son
indépendance. C'est donc l'écrivain qui a

le plus à craindre du discernement et de la
sévérité du public ; c'est lui qui s'expose à
l'appréciation la plus libre, la plus sérieuse,
la plus exigeante, et, par conséquent, le
plus grand mérite est de son côté s'il traverse heureusement le plus fort péril. Mais
la Bruyère paraît oublier que l'auteur
compose aussi à loisir son ouvrage, sans
contradiction, sans aventure, sans épreuve
immédiate à courir, qu'il se livre au public
tel qu'il lui convient de paraître, et que,
s'il déplaît à son juge, ce n'est point faute
d'avoir eu le temps et les moyens de lui
plaire.

Laissons donc le premier rang à la
parole parmi les plus difficiles et les plus
glorieux exercices de l'intelligence humaine.
C'est encore de ce côté qu'est le plus grand
péril, et par conséquent, la gloire la plus
haute. La Bruyère l'a fait entendre lui-
même dans ce chapitre avec sa précision
merveilleuse : « Le métier de la parole ressemble en une chose à celui de la guerre :

il y a plus de risque qu'ailleurs, mais la fortune y est plus rapide. »

Parmi les divers emplois de la parole, en est-il de plus élevé que ce genre de la prédication, inconnu au monde antique, né avec cette opinion toute chrétienne qu'il est de notre devoir d'édifier nos semblables et de contribuer à leur salut? Qui avait imaginé, avant le christianisme, d'instituer au milieu des cités, bien plus, dans chaque village, cette leçon publique et gratuite de morale, cet enseignement perpétuel des saintes croyances, cet appel périodique au bien qui tombe de la plus humble chaire chrétienne comme une manne intarissable et bienfaisante? Combien d'hommes, combien de Français, condamnés à un incessant travail et aux préoccupations les plus étroites d'un intérêt personnel et toujours pressant, n'ont pas entendu parler ailleurs qu'à l'église de vertu, de devoir, de sacrifices, d'un monde meilleur, d'espérances immortelles? Et quel est le point du globe

où ne s'élève de temps à autre cette voix
fortifiante et consolatrice de la chaire chrétienne? Le mineur l'entend au fond de
l'Australie, elle soutient aujourd'hui sous
la tente le citoyen armé qui combat pour
la liberté américaine; elle console par l'i-
mage de la patrie céleste ceux que l'étranger a dépossédés de leur patrie sur la
terre; partout enfin où flotte le pavillon
de l'Europe elle mêle son murmure à celui
des flots et entretient l'homme perdu sur
l'océan de la puissance et de la bonté in-
finies de Dieu.

Son texte est toujours le même, et l'on
ne peut en imaginer de plus sublime. Il
s'agit toujours, dans ses discours, de Dieu,
de l'homme, du monde, du bien et du mal,
des misères de notre nature, de la grandeur de notre destinée et de la miséricorde
mystérieuse qui peut seule combler l'inter-
valle. Ce thème universel et éternel est si
grand, qu'il élève le plus humble esprit et
la plus faible parole; il n'est point de mé-

diocre prédicateur qui ne soit amené par la
tradition, par ses souvenirs, par l'involontaire imitation des grands modèles, à laisser échapper quelques mots plus éloquents,
plus profonds, plus salutaires, mieux faits
pour le cœur de l'homme que les axiomes
les moins incertains de la philosophie la
plus fière. Qu'est-ce donc quand le génie
s'en mêle et tire de ce thème éternel quelque nouvel accord, quelque variation ori-
ginale et saisissante ? Il semble alors que le
ciel s'ouvre, et la tradition nous a conservé
certains effets produits par la chaire chrétienne qui restent sans analogie dans les
fastes de l'éloquence.

L'éloquence chrétienne est soumise pourtant, comme tous les autres genres d'éloquence, à l'influence des temps et des
lieux ; et bien qu'elle reste semblable à
elle-même dans ses traits essentiels, elle
peut offrir dans son inspiration et dans ses
allures la diversité la plus instructive.
Nous étions un jour vivement frappé de

ces différences et de leur cause en écoutant un homme de bien, un laïque, un
Anglais, saisi tout à coup (comme il arrive souvent chez nos voisins) du besoin
et de la passion d'annoncer l'Évangile.
Nous l'avons entendu plusieurs fois et toujours sur le même sujet qui dominait évidemment sa pensée : la miséricorde de
Dieu, le pardon des péchés et le renouvellement soudain de l'âme qu'il plaît à
Dieu d'émouvoir. On voyait sans cesse
dans ses discours un homme perverti, dé-
sespérant de son salut au point de n'y plus
songer, ignorant ou comprenant mal la
doctrine du pardon des péchés et du renouvellement de l'âme, jusqu'au moment
où la parole de quelque prédicateur lui révèle l'infinie miséricorde de Dieu et la
possibilité d'une régénération soudaine et
complète. Il écoute avec joie cette doctrine,
il y croit, et le voilà changé d'un seul coup
et pour toujours. Ce salut qui tombe du
ciel sur le pécheur est gratuit; il est sauvé

parce qu'il est sauvé, et non point parce
qu'il l'a mérité ; ce n'est point parce que
son âme est renouvelée que ses péchés sont
effacés, il reçoit du même coup et sans effort le pardon de ses péchés et une âme
nouvelle.

M. Redcliffe nous expliquait avec une
forte simplicité cette doctrine ; nulle autre
éloquence en lui que l'inévitable contagion
d'une conviction entière et d'une ardente
charité ; et cependant, comme il était aisé
de sentir en l'écoutant pourquoi ses com-
patriotes sont émus à sa voix, pourquoi
dans son pays ses filets, comme ceux de
l'apôtre, sont rarement retirés vides de
l'assemblée où il les a lancés ! C'est que
cette assemblée est véritablement et fortement chrétienne, que ce n'est point la foi
qui fait défaut à ses auditeurs, mais le courage de ne point faillir et plus encore l'espérance de se relever après avoir failli.
N'est-ce point un véritable Anglais que ce
pêcheur violent et mélancolique qui est

l'interlocuteur habituel de M. Redcliffe et
le but constant de son charitable effort? Il
croit, mais il désespère ; il se sait en guerre
avec le ciel, et comme il s'imagine que
cette guerre est inexpiable, il ne s'abaisse
point à en implorer la fin ; il redoute un
Dieu qu'il se représente volontiers semblable à lui-même, superbe, menaçant,
inflexible ; il croit donc superflu de le
prier, inutile d'espérer, et reste en état de
révolte comme un héros de Byron ou l'ange
déchu de Milton. Mais la foi enracinée
par l'éducation des jeunes années et par la
respectueuse fréquentation de l'Écriture
vit toujours dans son âme ; elle y demeure
profonde et latente. S'il évite Dieu comme
un irréconciliable adversaire entre les
mains duquel il doit tomber quelque jour,
il n'a jamais eu du moins l'idée de douter
de sa personnalité, de sa puissance infinie,
de sa justice terrible, de ses communica-
tions avec l'humanité, et quand il se hasarde
à lever les yeux vers lui, ou qu'on l'évoque

subitement à sa vue, il le voit toujours tel
que le lui ont dépeint dès son enfance les
Saintes-Écritures. Il y a donc dans ce pécheur endurci, mais chrétien, une source
profonde de foi docile qu'il suffit d'aller
chercher et d'ouvrir pour inonder son âme
et pour y faire germer une riche moisson
de soumission et de repentance. Pour cela
que faut-il? Tel ou tel verset des livres
saints, interprété d'une façon neuve et
frappante, tel prédicateur qui lui dit avec
autorité que son salut est proche, et que,
sans même étendre la main, il va le saisir. L'espérance s'éveille, le cœur s'é-
meut, l'homme est changé; mais le miracle est moins grand qu'on ne l'imagine. D'un chrétien qui vivait mal on a
fait un chrétien qui va bien vivre. L'œuvre est excellente, admirable, digne d'une
éternelle reconnaissance; mais elle a trouvé
dans la foi du pécheur un point d'appui
pour le pousser jusqu'à l'espérance, et
du même coup jusqu'au renouvellement

de son âme. Sans ce point d'appui tout eût manqué.

Cette méthode, si féconde aujourd'hui de l'autre côté de l'eau, perd chez nous quelque chose de sa puissance, et un auditoire français veut être autrement conduit vers le bien. La Bruyère conseille finement au prédicateur « de ne point supposer ce qui est faux, c'est-à-dire que le grand ou le beau monde sait sa religion. » Ce que la Bruyère disait alors du grand monde, il faut le dire de tout le monde dans notre siècle de demi-lumières universellement répandues et d'égalité croissante. Peu de gens parmi nous savent leur religion, même parmi ceux qui en ont une. On ne rassure point un Français en lui révélant que Dieu peut pardonner; il incline de lui-même à croire que Dieu pardonne, et n'est nullement tenté de se le figurer inflexible. Quand on le force à regarder le ciel, il y voit plutôt le Dieu des bonnes gens que le vrai Dieu du christianisme.

On ne l'accable pas davantage sous un verset de l'Écriture ; il connaît mal l'Écriture,
et laisse volontiers à d'autres le soin de la
comprendre. En revanche, on peut trouver aisément le chemin de son cœur. Quiconque saurait parler comme il convient à
notre race sensible et légère de ses vains
plaisirs, de ses fréquents dégoûts, du vide
de la vie, du néant du monde et du besoin
d'élever plus haut notre âme, se ferait écouter, comprendre, presque applaudir, et laisserait peut-être un souvenir bienfaisant de
sa parole. Qu'il semble encore aisé de nous
prendre par la générosité de notre nature,
en nous montrant la bassesse, la sottise, les
contradictions du mal, en nous piquant
d'honneur pour nous entraîner au bien !
Quel texte inépuisable et touchant que le
tableau de nos lâchetés, de notre mollesse,
de notre indifférence ! Et quel orateur chrétien nous laisserait froids s'il nous disait,
avec le droit de nous reprendre de si haut,
tout ce que nous voyons et tout ce que

nous pensons de nous-mêmes! Mais des hommes élevés loin du monde, malheureusement étrangers par leur éducation comme par leur vie, à nos joies, à nos douleurs, à nos fautes mêmes qu'ils sont censés connaître, portent trop souvent sur ces sujets délicats une main malhabile ou grossière ; heureux encore s'ils n'aiment pas mieux laisser là nos misères, le Christ et l'Évangile, pour discuter en chaire contre les ennemis de l'Église, et réciter, en guise de sermon, un article de journal qu'on retrouve le lendemain à sa véritable place, dans la première colonne des journaux !

Il serait trop aisé et il serait aujourd'hui peu généreux de faire une histoire des témérités et des égarements de la chaire chrétienne dans notre pays depuis une douzaine d'années. Comment oublier que la même personne y a été comparée tour à tour et par les mêmes bouches à Cyrus le libérateur et à Machabée, puis à Hérode et à Pilate? et comment se dissimuler que les anciennes comparaisons sont seulement mises en réserve pour reparaître à la place des comparaisons d'aujourd'hui si cette personne consent, par impossible, à se mieux conduire? N'est-ce pas enfin de la chaire chrétienne qu'est tombé sur nos têtes ce sermon hardi où l'on nous montrait dans la résurrection du Christ le symbole de la restauration d'un trône et du retour d'une dynastie? Mais la chaire chrétienne, qui a traversé tant d'épreuves diverses, n'en continuera pas moins à répandre ses bienfaits sur le monde, et le perpétuel courant qui en sort pour féconder les âmes ne peut être ni tari ni corrompu par de passagères souillures.

DE L'AMBITION

DE L'AMBITION

'AMBITION n'est pas autre chose
que le désir du commandement
ou de la gloire, et le plus souvent de ces deux biens ensemble; couvrir
du nom d'ambition tout autre désir que
celui-là, c'est détourner ce mot de son sens
véritable et c'est en même temps l'avilir.
N'est pas ambitieux qui veut, et bien des
gens reçoivent ce nom, ou même s'en dé-
fendent comme d'un blâme, qui n'y ont

aucun droit et ne sont pas dignes de le
porter. Si vous voulez vous élever dans le
monde pour amasser des richesses ou pour
vivre dans les plaisirs, vous méritez les
noms attachés à ces passions diverses ; mais
l'ambition exige des pensées plus nobles et
une visée plus haute. Si vous voulez vous
élever surtout pour être comblé d'honneurs
ou pour exercer une puissance apparente
sous un maître et jouir de l'influence que
vous tiendrez de son caprice, vous appro-
chez du nom d'ambitieux et tout le monde
vous le donnera ; excepté celui qui, voulant
conserver à ce nom toute sa dignité et n'en
pas dégoûter les nobles cœurs, le réserve
aux âmes réellement éprises du commandement ou de la gloire et incapables d'en re-
chercher seulement l'apparence. Non, je
n'appellerai point ambitieux l'homme qui
n'est pas sincèrement possédé de l'âpre
désir du commandement ou de la gloire,
celui qui veut seulement faire illusion au
vulgaire et qui se console aisément de n'être

rien, pourvu qu'on le croie quelque chose. Appellerai-je ambitieux ce Félix dont Polyeucte dit en termes si justes et si forts :

.... Et qu'à titre d'esclave il commande en ces lieux!

Si j'appelle ambitieux un tel homme et ceux qui se contenteraient comme lui de commander à titre d'esclave, quel nom donnerai-je à César, quel nom surtout garderai-je pour ceux qui ont aspiré, par des chemins légitimes, à la réalité du commandement et à la réalité de la gloire? Renoncerai-je à donner le nom d'ambitieux à un Thémistocle, à un Périclès, à un Scipion, ou dois-je les confondre avec cette vile multitude? Laissons à chacun son nom véritable, le nom qui convient au désir qui le conduit et à la passion qui le domine. Il y a beaucoup d'avares, beaucoup de voluptueux, beaucoup de vaniteux; l'ambitieux est plus rare et ne doit pas être perdu dans cette foule; il tend au commandement et à la gloire d'un mouvement trop violent et trop sincère pour en embrasser seulement l'ombre ; et peu lui importerait de tromper sur ce point les autres, puisque, toujours inquiet et malheureux tant qu'il n'est pas en possession de ce qu'il désire, il ne peut se tromper lui-même.

Ce désir du commandement ou de la gloire vient du fond même de notre être ; il sort de la même source que tous nos autres désirs, mais il est le jet le plus puissant et le plus élevé de cette source intarissable. Désirer le commandement ou la gloire, c'est vouloir s'étendre, comme le veut toute créature. C'est aspirer à vivre hors de soi, à reculer les limites de son être, à remplir un plus grand espace dans le monde. Mais ce besoin de nous étendre et de nous agrandir, qui est le principe de tous nos mouvements ici-bas, est d'autant plus noble, qu'il se dirige vers un objet plus élevé, et c'est ce qui met le désir de la

gloire bien au-dessus de la soif des richesses
ou des plaisirs. La gloire est en effet une
conquête que nous faisons dans l'âme d'autrui, une place que nous occupons dans
l'imagination de nos semblables, de leur
libre consentement, parce qu'ils jugent que
nous la méritons et parce qu'ils ne peuvent
se résoudre à nous la refuser. Si cette gloire
nous est donnée de notre vivant, c'est un
élargissement de notre existence qui accroît
en nous la plénitude et la douceur du sentiment de la vie; si nous pensons qu'elle
doit nous survivre, il nous est difficile de
séparer la perpétuité de notre être de celle
de notre nom, et il nous semble alors que
nous devons nous survivre à nous-mêmes;
nous jouissons par anticipation de ce pro-
longement d'existence, et nos yeux s'y ar-
rêtent volontiers comme sur un rideau qui
nous déroberait la vue de la mort. La possession de la gloire, ce bien tout idéal que
l'esprit seul savoure et qui ne repose que
sur le jugement des autres esprits, sert

donc à augmenter en nous l'intensité de
la vie, à nous faire illusion sur sa durée,
et à éloigner de nous l'idée du néant, insupportable à tout ce qui est.

Le désir du commandement a quelque
chose de moins pur et de moins élevé que
le désir de la gloire, parce qu'il se dirige
vers un bien réel et saisissable; mais il a
aussi sa grandeur, lorsque le commandement est recherché par des voies légitimes. Désirer la gloire, c'est entreprendre
sur l'imagination des hommes; désirer le
commandement, c'est entreprendre sur
leur volonté. On cherche donc aussi à s'é-
tendre par le commandement, mais d'une
manière bien plus réelle et bien plus sensible que par la gloire. Faire sienne la volonté de ses semblables, et par conséquent
leur puissance et leur part d'action sur le
monde, vouloir en eux, agir par eux et
accomplir par leur entremise des actes si
importants par leur nature ou par leurs
effets qu'ils ressemblent à des manifesta-

tions de la puissance divine, quelle extension visible de notre être, quelle multipli-
cation de nos forces, quelle élévation ou
plutôt quelle transformation de la nature
humaine? Cet aspect du commandement
impose et étonne par sa grandeur, alors
même qu'il est en des mains indignes de
le retenir et incapables de l'exercer. Voici
comme Sénèque fait parler Néron dans son
Traité sur la Clémence : « Seul de tous
les mortels, j'ai été jugé digne de représenter les dieux sur la terre. La balance
des destinées et des conditions de tous est
remise en mes mains; ce que le sort réserve à chacun, c'est par ma bouche qu'il
le déclare. Tous ces milliers de glaives que
la paix retient dans le fourreau, je puis
d'un signe les faire sortir. Quelles nations
seront anéanties ou transportées ailleurs,
affranchies ou réduites en servitude? Quel
roi va devenir esclave? Quel front va
ceindre le bandeau royal? Quelles villes
doivent tomber ou s'élever? C'est à moi

de le dire.... » N'est-ce point le langage d'un dieu plutôt que celui d'un homme? et, en effet, celui qui peut parler de la sorte n'a plus qu'un des attributs de l'homme, c'est l'impossibilité de soutenir et de garder, sans perdre le sens, un si vaste et si absolu pouvoir.

Mais si le commandement, même sous cet aspect redoutable et déraisonnable, a encore sa grandeur, il n'atteint sa beauté véritable, il n'a tout son prix, il ne devient enfin le digne objet de l'ambition humaine que lorsqu'il repose sur la persuasion, et qu'il nous est accordé par le consentement éclairé de nos égaux. Notre orgueil ne peut être flatté des biens que nous tenons de la nécessité seule; il faut, pour que la possession nous en soit vraiment agréable, qu'ils nous viennent de notre propre mérite. Supposons que nous soyons nés sur le trône, que notre image soit gravée sur les monnaies, que notre nom soit en tête de tous les actes publics, appellerons-nous cette notoriété de la gloire et aurait-elle pour nous la même douceur que la gloire librement acquise? De même pour le commandement. Si nous possédons les volontés d'un grand nombre d'hommes comme un héritage qui nous était dû, ou si nous les avons conquises par une violence qu'on ne pouvait éviter, jouirons-nous de la possession de ces volontés transmises par héritage ou subjuguées par la force, de la même manière que si elles s'étaient données librement à nous en considération de notre grandeur d'âme ou de notre sagesse? Sera-ce la même impression, le même plaisir? Nullement; ces deux impressions, ces deux plaisirs sont d'un ordre si différent que le second seul est noble, et que le premier peut s'accorder avec les sentiments les plus vulgaires.

C'est donc le libre assentiment des volontés qui donne au commandement toute sa douceur et à l'ambition toute sa noblesse. Le commandement, ainsi obtenu et ainsi exercé, est d'autant mieux fait pour séduire une grande âme, qu'il touche de près à la gloire, puisque les volontés ne se sont rendues qu'après un jugement favorable, puisque la persuasion a devancé l'obéissance et l'accompagne. L'ambition atteint alors le plus haut degré de satisfaction auquel elle puisse prétendre sur la terre; elle jouit à la fois du commandement et de la gloire, et cette jouissance est d'autant plus douce, elle chatouille d'autant mieux l'orgueil humain, que celui qui l'éprouve l'a honnêtement gagnée, qu'il la tient du consentement de ses semblables, comme un juste retour du bien qu'il leur doit faire ou qu'il leur a fait. Heureux les peuples qui font ainsi tourner l'ambition à leur service et qui ménagent une si belle récompense à leurs serviteurs!

La gloire que décerne l'opinion d'un peuple éclairé, et le commandement que défère et que tempère la volonté d'un peuple libre, voilà donc le terme le plus élevé de l'ambition humaine, voilà le bonheur le plus complet qu'une âme ambitieuse puisse recevoir. N'y a-t-il pourtant rien au delà? Ne peut-on rencontrer, hors de la gloire bien acquise, hors du commandement légitime, une jouissance plus haute encore et plus pure? Ceux-là le savent qui ont préféré la science et la philosophie au tumulte des affaires humaines; qui, ayant éprouvé dans sa plénitude le plaisir d'apprendre et de comprendre, l'ont jugé, en somme, supérieur au plaisir d'être admiré et de commander. Les raisons ne manquent pas au sage pour se consoler de voir passer en d'autres mains que les siennes les biens qui sont le but de l'ambition humaine et qui la contentent. Si grands que soient ces biens, ils sont de la terre, c'est-à-dire très-imparfaits et aussi facilement diminués et flétris que tous les autres. La gloire la plus légitime est sujette à mille accidents, partagée avec d'indignes rivaux, contestée jusqu'à la mort ; elle est rarement accompagnée d'autres jouissances moins bruyantes, mais plus nécessaires au cœur de l'homme; que de fois elle mérite d'être appelée, selon la belle parole d'une femme éloquente et courageuse : le deuil éclatant du bonheur!

> For glory's pillow is but restless, if
> Love lay not down his cheek there [1]....

Quant au plaisir du commandement, est-il au monde un seul plaisir qui soit mêlé de plus d'épines? Si, tout en possédant la réalité du pouvoir, on ne le tient que de l'aveu d'un maître auquel on doit hommage, quelle source toujours ouverte d'incertitudes et de misères! quelle journée que la *journée des dupes!* quel spectacle que celui d'un Richelieu renversé s'il déplaît à Louis XIII! Si l'on tient le pouvoir directement de la multitude, à quelles surprises soudaines, à quelles erreurs gros

---

1. Byron, *Werner.*

sières, à quelles basses rivalités n'est-on pas tous les jours exposé! Le cœur manqua au premier des Gracques quand il vit Octavius enchérir perfidement sur ses propositions populaires. Si même on a le bonheur de tenir le pouvoir du consentement d'une Assemblée souveraine, ce qui est la forme la plus douce et la plus honorable du commandement parmi les hommes, combien ce pouvoir est précaire et par combien de ménagements, d'adresse ou de sacrifices il faut tous les jours l'acheter! Enfin rien ne dure, et quoi de plus triste que le spectacle de l'ambition déchue du faîte des affaires et s'épuisant à remonter cette âpre pente, comme se traîne un animal blessé qui ne veut ni rester en repos ni mourir!

> .... Defessi sanguine sudent,
> Angustum per iter luctantes ambitionis.

Mais le meilleur antidote de l'ambition pour l'esprit élevé qui aurait besoin de s'en guérir, c'est l'intelligence de la nature, qui

met toute chose à sa place, et qui est si effi-
cace contre toutes les agitations du cœur
humain, parce qu'elle réduit immédiate-
ment toutes les causes qui l'agitent à leur
valeur véritable, c'est-à-dire à rien ou à
presque rien. Qui parlera donc plus éloquemment que personne contre l'ambition? Ce sera cet os brisé ou cette plante
pétrifiée, débris et témoin d'une création
disparue; ce sera ce morceau de lave
échappé au lac de feu dont nous sépare à
peine cette croûte légère sur laquelle nous
nous dressons un instant comme une
herbe aussitôt abattue; ce sera surtout la
lumière éloignée de ces soleils innombrables, entourés de leurs mondes, poussière infinie dans laquelle est perdu à son
rang notre grain de poussière. *Where is
my earth?* Où est ma terre? demande
Caïn à Lucifer, qui l'enlève à travers les
mondes :

> .... 'Tis now beyond thee,
> Less in the universe than thou in it.

« Elle est maintenant derrière toi, comptant moins dans l'univers que tu ne comptes sur elle.... » Il faudrait que l'ambition fût accompagnée de peu d'esprit pour ne point s'amortir pendant un tel voyage, ou du moins pour n'être pas tempérée à jamais par de tels souvenirs. Il suffit, en effet, d'un effort de la raison pour embrasser de nouveau ce prodigieux ensemble et pour donner à nos troubles leur vraie mesure, ce qui équivaut à s'en consoler.

DE LA TRISTESSE

DE LA TRISTESSE

ssayons de parler de la tristesse, sans ordre et sans suite, sans prétention surtout à découvrir le fond des choses, mais pour marquer seulement quelques traits épars qui peuvent aider à la mieux connaître et servir à qui voudrait entreprendre d'en faire le portrait complet et véritable.

Il faut d'abord distinguer la tristesse de la douleur, qui le plus souvent la précède,

ou qui, pour mieux dire, prend elle-même
le nom de tristesse, lorsque émoussée par
le temps, mais se faisant encore sentir, elle
a en quelque sorte perdu son aiguillon. On
dira, par exemple, qu'un père qui vient de
perdre son enfant est dans le désespoir ou
dans la douleur; au bout de quelques années on dira qu'il est attristé par la perte
de son enfant; plus tard encore, s'il reste
incliné sous le coup, on dira simplement
qu'il est triste, et comme on perdra de plus
en plus de vue la cause éloignée de sa tristesse, on dira que sa nature est d'être triste,
que la tristesse est dans son caractère. C'est
alors, en effet, que ce sentiment méritera
le mieux le nom de tristesse, parce qu'il
sera le plus éloigné qu'il est possible de la
douleur aiguë qui en aura été la cause,
parce qu'il vient surtout de la réflexion,
qu'il suppose l'intelligence, en un mot,
qu'il est humain et qu'il nous distingue de
tous les autres êtres qui peuvent souffrir
ici-bas. Chez ceux-ci, en effet, la douleur

morale, lorsqu'ils sont capables de la sentir, ne peut durer assez longtemps ni survivre assez à sa cause pour mériter le nom de tristesse. La plupart des animaux, par exemple, aiment leurs petits et souffrent s'ils les perdent ; quelques-uns expriment cette douleur de la façon la plus touchante :

> .... At mater, virides saltus orbata peragrans,
> Linquit humi pedibus vestigia pressa bisulcis,
> Omnia convisens oculis loca, si queat usquam
> Conspicere amissum fœtum ; completque querelis
> Frondiferum nemus adsistens, et crebra revisit
> Ad stabulum, desiderio perfixa juvenci.

Mais chez presque tous cette douleur est passagère et ne survit pas assez à sa cause immédiate pour changer de caractère. Dans toutes les langues, un animal triste veut dire un animal qui va être malade, parce qu'une sorte d'instinct merveilleux l'avertit alors de la destruction qui le menace, et cette tristesse physique, dénuée de la parole, est éloquente. Mais la tristesse pu-

rement morale, écho prolongé de la douleur, ébranlement durable d'une âme qui
a été violemment secouée et qui quelquefois n'a pas assez de toute la vie pour reprendre son équilibre, est particulière à
l'homme, et lui seul mérite de la connaître par la force de ses attachements et par
l'intensité de ses joies.

La tristesse est donc une sorte de cré-
puscule qui suit la douleur; et malgré l'o-
pinion des poëtes qui se piquent volontiers
d'être tristes sans raison et qui chantent la
mélancolie comme un don fatal du ciel,
comme un mystérieux privilége des âmes
délicates, il n'y a pas plus de tristesse sans
cause qu'il n'y a de gaieté sans motif.
Mais les causes de la tristesse et de la gaieté
ne sont pas toujours simples et évidentes;
on ne trouve pas toujours à la source de
l'une ou de l'autre une grande douleur ou
une vive joie. Plusieurs circonstances fu-
tiles, mais réunies par le hasard et se venant en aide les unes aux autres, peuvent

produire en nous un état de tristesse ou de gaieté dont la cause nous échappe et que nous attribuons, faute d'examen, au pur caprice de la nature humaine qui, étudiée de plus près, n'a pas de caprice et obéit à des lois. Mille coups d'épingle peuvent donner la fièvre aussi bien qu'une profonde blessure ; des incidents légers et inaperçus de nous-mêmes au moment où ils se produisent peuvent créer en nous un état de gaieté ou de tristesse assez fort pour résister aux circonstances extérieures lorsqu'elles nous sollicitent en sens contraire. Ce parti pris de notre âme nous étonne alors nous-mêmes, et nous nous demandons pourquoi telle chose qui devrait nous attrister ou telle autre chose qui devrait nous plaire est sur nous sans pouvoir ; c'est qu'une disposition contraire a été déterminée à notre insu dans notre âme et qu'elle a encore assez de force pour résister aux assauts du dehors. Il faut aussi tenir compte des causes permanentes et générales qui nous rendent plus ou moins capables de gaieté ou de tristesse, et que nous oublions volontiers lorsque nous attribuons l'état de notre âme à un pur caprice de la nature. Vous avez, par exemple, mille causes d'inquiétude ou de chagrin; de plus, la nature est en deuil, le ciel est sombre, une pluie lente et froide pénètre la terre, et cependant, malgré votre raison pleine de germes de tristesse qui voudraient éclore, malgré vos sens combattus et froissés par les circonstances extérieures, vous ne pouvez vous résoudre à être triste, votre âme se soulève sans effort pour rejeter le fardeau, ou elle le porte légèrement, de bonne grâce, avec un confiant sourire qui défie l'univers de l'accabler. Vous vous demandez d'où vient cette force surprenante; vous oubliez seulement que vous vous portez bien et que vous avez vingt ans.

La jeunesse et la santé sont deux remparts qui bravent les assauts de la tristesse, et tant qu'ils nous protégent, elle ne peut

guère remporter sur nous que de faibles
et courts avantages. Mais ces murailles pro-
tectrices sont sans cesse minées par le temps,
et les déceptions de la vie en détachent
chaque jour quelque pierre, jusqu'à ce
que la brèche, étant une fois ouverte et s'é-
largissant toujours, la tristesse passe et
repasse à son aise, en attendant qu'elle
s'établisse au cœur de la place et n'en sorte
plus. Qui de nous ne l'a connu, ce merveilleux ressort de la jeunesse et de l'inex-
périence, si prompt à se redresser sous la
plus dure étreinte? Rebondissant sous le
choc, comme nos balles rapides, et s'éle-
vant d'autant plus haut qu'elle a été frappée
plus fort, notre âme adolescente, rabattue
par les premières déceptions de la vie, ne
s'en élance que mieux dans le vaste champ
de ses espérances; mais après tant d'élans
hardis et tant de chutes profondes, elle
perd sa force, et, sans réagir davantage
contre le coup qui la frappe, elle languit
à terre, amollie, flétrie, souillée, roulée

par le sort comme par le pied d'un passant.

C'est ainsi que s'épuise en nous ce fonds
de force et de vie, cette alacrité de l'âme
qui nous permet de résister si aisément
aux premiers efforts de la tristesse. Cette
réserve une fois consommée, l'équilibre
est rompu contre nous, et comme un
homme qui voit tous les jours croître ses
dépenses et diminuer ses richesses, nous
avons de plus en plus de peine à faire face
aux chagrins de la vie. Les illusions s'en
vont une à une, et nous avons beau res-
treindre de plus en plus nos espérances,
comme pour tenter par notre modération
la générosité du sort, comme pour faire
au-devant de lui la moitié du chemin, il
nous trompe toujours et nous demande
incessamment un sacrifice après un sacrifice. Comme l'impitoyable Romain, qui
après avoir dit au peuple de Carthage :
« Donne-moi tes vaisseaux, donne-moi tes
éléphants, donne-moi tes armes, » lui dit

enfin : « Donne-moi ta cité, que je veux détruire, et va habiter plus loin, » ainsi le sort nous presse ; et après nous avoir dépouillés de cette illusion, il nous dit : « Quitte encore cette autre ; donne-moi enfin ce que tu as de plus sacré ou de plus cher, il faut que j'atteigne le fond de ton cœur. » Et alors même que par une sorte de négligence quelque chose nous est laissé, alors même que par une faveur singulière nous avons accompli ou possédé une partie de ce qui excitait nos désirs, quelle âme humaine n'a en elle-même, au bout d'un certain temps, assez d'illusions détruites, assez de déceptions accumulées, assez de ruines intérieures, pour qu'au moindre souvenir qui les agite il ne s'en échappe, comme une noire vapeur, un nuage épais de tristesse ?

Si quelque curiosité nous pousse alors à examiner de près ces ruines, nous y trouvons en même temps l'histoire de notre vie et le moyen de porter un jugement équitable sur nous-mêmes. Qu'est-ce, en effet, que ce résidu de nos déceptions, source intarissable de tristesse, sinon un indice de la pente constante de notre âme, une sorte de témoignage irrécusable sur la direction habituelle de nos vœux ? Nos tristesses sont du même ordre que nos désirs, puisque nos désirs déçus les composent, et nos désirs, c'est nous-mêmes. Quelles sont donc les causes de notre tristesse ? Sont-elles nobles, élevées, avouables ou égoïstes, misérables, bonnes à cacher loin de toute lumière ? Nos amis, notre pays, le désir trop souvent confondu de savoir la vérité, l'inutile effort vers le bien, le découragement inquiet de l'âme qui s'élance vers la lumière et qui retombe, sont-ils au fond de notre tristesse, mêlés, je le veux bien, à cette inévitable lie qui dort toujours dans le cœur de l'homme ; ou bien cette lie est-elle tout notre cœur, et notre tristesse vient-elle seulement de l'inexécution de nos vœux injustes et de la soif inassouvie des plaisirs vulgaires? Nous pouvons ainsi prendre notre mesure ; savoir au vrai pourquoi l'on est triste, c'est être bien près de savoir ce qu'on vaut.

Rien ne montre mieux que cette dose à peu près égale de tristesse répandue parmi les hommes selon l'âge, la santé et les événements de la vie, combien nos opinions si diverses sur l'ordre du monde et sur notre destinée ont peu d'influence sur la conduite de nos sentiments et sur l'état vrai de notre cœur. Quelle différence ne devrait-on pas remarquer, au point de vue de la tristesse, entre un homme qui, regardant les maux de cette vie comme une épreuve, croit à une compensation dans la vie future, et un autre homme qui, confondant dans son esprit sa propre existence avec celle du monde, croit que sa personne est anéantie par le coup de la mort? Il semble que le premier, une fois en règle avec sa conscience et avec le ciel, ne devrait jamais éprouver de tristesse, puisque les maux qui peuvent l'atteindre, acceptés avec soumission, deviennent un gage de sa récompense future, une promesse céleste de paix et de félicité. Il semble au contraire que l'homme qui croit son existence enfermée dans l'enceinte de la terre devrait être inconsolable du moindre obstacle rencontré par ses désirs, du moindre échec éprouvé sur son chemin. Le mot cruel de déception, qui n'existe pas à vrai dire pour le premier, a pour le second un sens profond et une terrible vérité. Tout plaisir inaccessible ou écarté de sa main est à jamais ravi, toute blessure reçue est pour lui sans remède; en fait de maux grands ou petits, il ne connaît rien que d'irréparable. Cette journée a été pour lui sans soleil, cette soirée sans charme, le sourire sur lequel il comptait lui a fait défaut : autant de perdu et pour l'éternité. Il vivrait cent ans que ce jour gâté et englouti dans le gouffre du temps, que cette minute même écoulée sans plaisir et désormais insaisissable, devraient

l'obséder comme un remords ; quelle raison
a-t-il de se consoler du pli d'une feuille
de rose ? Et cependant il s'en console, tout
comme s'il avait un avenir et une espérance, tandis qu'à côté de lui couleront
les larmes d'un homme qui, au delà des
douleurs d'ici-bas, devrait voir le ciel
entr'ouvert.

C'est que nos croyances, quelles qu'elles
soient, n'ont point le caractère absolu
de la certitude. Celui qui croit à la vie
future ne la touche pas assez de la main
pour estimer les choses de ce monde au
peu de valeur que devrait leur laisser une
telle espérance ; et celui qui se croit voué
au néant n'en est pas au fond assez sûr
et ne le voit pas d'assez près pour s'attacher avec une frénésie sincère à l'heure
qui passe et au plaisir qui vole. Nos joies
et nos tristesses sont donc bien plus réglées
par les événements de notre vie et par
le tour de nos caractères que par la logique
de nos croyances. Atteints par la douleur,

nous poussons à peu près le même cri, et, selon le coup que nous avons reçu, il nous faut à peu près le même temps pour sécher nos larmes. Incrédules, croyantes, tournées vers le ciel, inclinées vers la terre, nos âmes obéissent après tout aux grandes lois de la joie et de la tristesse, et marchent courbées sous le même joug.

Il faut bien croire que les êtres animés sont seuls capables, à des degrés très-divers, de joie et de tristesse, et que ce qui ne sent rien ne peut rien exprimer. Comment nier cependant que la nature exprime tour à tour, comme un tableau varié, la joie et la tristesse en des traits si parlants et si clairs que l'œil et le cœur de l'homme ne peuvent s'y méprendre? Nous savons tous ce que veut dire un jour joyeux, une journée triste, et nous en jugeons par l'impression unanime que la vue de ce spectacle produit sur nos âmes. Qu'un ciel gris et bas soit étendu sur nos têtes, que la pluie descende, non pas emportée en tourbillons par un ouragan qui aurait son intérêt et sa grandeur, mais lente et lourde comme un froid linceul, et les mots de temps triste, de ciel triste seront aussitôt sur toutes les lèvres. En regardant de près les impressions que nous donne la vue de la nature, on s'apercevra bien vite que la lenteur et l'obscurité sont pour nous les éléments ou plutôt les promoteurs de la tristesse ; ce qui veut dire que la nature humaine a soif de mouvement et de lumière, et éprouve un indéfinissable malaise lorsque ces signes de la vie lui font défaut.

DE LA MALADIE

ET

DE LA MORT

DE LA MALADIE

ET

DE LA MORT

A maladie, considérée en elle-même et séparée du terme fatal auquel elle peut aboutir, est déjà une épreuve sérieuse et suffit pour mettre en jeu toutes les forces d'une âme bien née. Supposez que le mal se prolonge et qu'il laisse à l'intelligence toute sa clarté, c'est une vie nouvelle qui commence pour le

malade, sevré de ses occupations habituel-
les et n'ayant plus d'autre affaire que de
souffrir et de penser. Pline, écrivant de la
campagne et considérant de sa retraite les
occupations multipliées de la ville, disait
avec finesse : « Il semble que, pris à part
et au moment où l'on s'en acquitte, chacun de ces actes soit indispensable ; et pourtant, lorsqu'on les veut considérer de loin
et tous ensemble, ils n'ont aucune impor-
tance et ne laissent aucun souvenir. » La
maladie ressemble à cette retraite ; elle sus-
pend le mouvement de tous les jours et
permet d'estimer à sa juste valeur cette
agitation inquiète et stérile. L'homme est
alors réduit à lui-même, et si les douleurs
du corps s'apaisent, ou plutôt, comme il
arrive d'ordinaire, s'émoussent par l'habitude, l'esprit se met à son tour en mouvement et réclame sa pâture.

Car que faire en un gîte, à moins que l'on ne songe ?

ou qu'on ne lise, ce qui est un secours pour

songer ? C'est alors, si on a l'esprit cultivé
et le goût sain, qu'on sent le néant de ses
lectures accoutumées et le vide de ces œuvres légères que l'habitude du monde ou les
devoirs de notre profession nous obligent
à parcourir d'un œil rapide, mais qu'une
fois lues on ne saurait se décider à reprendre. C'est le malade lettré qui a plus que
personne le droit de dire : « Je ne lis pas,
je relis. » C'est pour lui plus que pour aucun autre que sont faits les livres éternels :
j'entends par là ceux qui parlent avec le
plus d'art des choses qui ne passent pas,
qu'il s'agisse de Dieu ou de la nature, de
l'homme ou de la société, des réalités de
ce monde ou de nos aspirations vers l'autre. Il nous faut alors des livres dont le
fond soit vrai de tout temps, dont la forme
soit belle à tous les yeux; nous allons droit
aux œuvres qui sont la meilleure richesse
et l'honneur le moins fragile de l'esprit humain. Retirés sur ces hauteurs et volontaire-
ment enfermés dans ces régions sereines,

nous pouvons tromper la maladie et gagner du temps jusqu'au moment solennel,
si ce moment doit venir, où le rideau se
déchire, où se découvre clairement l'issue
inévitable de notre épreuve, où commence
enfin, sans qu'on puisse s'y méprendre, la
grande affaire de la mort.

Que ce soit une grande affaire pour
l'homme qui a l'esprit de la comprendre et
le loisir d'y songer, c'est ce qu'aucun moraliste n'a eu le courage de nier, et ceux qui
prétendent que ce n'est rien, le soutiennent
avec assez d'apprêt et de chaleur pour nous
donner à entendre qu'après tout c'est quelque chose. C'est quelque chose, en effet,
et nous n'avons pas le droit de nous en
plaindre. Nous sommes les seuls habitants
de ce monde qui ayons de l'esprit, et nous
payons par les raffinements que l'esprit
ajoute à nos maux les délicatesses qu'il
ajoute à nos plaisirs. Nous mettons plus de
façons que les autres êtres à mourir, parce
que nous mettons plus de façons à aimer,

et de même que nous trouvons dans l'ambition et dans l'amour des délices qu'ils ne
connaissent guère, nous voyons dans la
mort des horreurs qu'ils ne soupçonnent
point.

La Rochefoucauld, qui aimait la vie en
égoïste, qui a été comblé par la nature et
par le sort, et qui a eu de telles bonnes for-
tunes que les philosophes même les lui en-
vient, a dit excellement que la mort était
une chose épouvantable, qu'elle ressem-
blait au soleil et ne pouvait se regarder
fixement; et il a ajouté cette réflexion profonde, que tout ce que la raison pouvait
faire pour nous contre la mort, c'était de
détourner notre vue sur d'autres objets et
de nous engager à n'y point penser.

Cela est vrai de tout temps; depuis que
le monde existe, la principale ressource
pour bien mourir est de penser à autre
chose, et ceux qui nous entourent nous y
aident de leur mieux. Le plus souvent, si
le mourant se laisse faire, pour le détour-

ner plus sûrement de la mort on l'engage à
penser à ce qui en est l'opposé, à la vie et
à sa guérison qui est la rentrée dans la vie.
Mais, grâce à Dieu, cette ressource vulgaire n'est pas la seule, et il est de plus
nobles moyens de détourner les yeux de la
mort alors même qu'on la sait certaine,
qu'on l'attend et qu'on l'accepte. La patrie,
l'amour de l'honneur ou de la liberté
peuvent avoir assez de puissance pour
tenir les yeux du mourant fixés ailleurs
que sur le but où la destinée l'entraîne. Il
y a plus, on peut aller vers ce but volon-
tairement et sans le voir; on peut y marcher comme à reculons, et les plus illustres morts de l'antiquité n'ont guère fait
autre chose. Mourir pour ne rien devoir
à César, mourir pour ne pas respirer l'air
souillé par Octave, ce n'est point mourir,
c'est échapper à ce qu'on déteste, c'est
s'élever au-dessus de ce qu'on méprise, et,
tout entier aux objets qu'on évite, on n'a
plus d'attention pour ceux qu'on va cher-

cher. Que de façons de détourner la vue de la mort ! Il n'est pas jusqu'à Pétrone qui ne trouve moyen de ne la point voir en s'occupant de la rendre élégante, conforme à sa vie, digne de son esprit et de son goût. Et cet autre qui, torturé par la goutte, ne veut pas se tuer encore et retarde son suicide de quelques jours pour avoir le suprême plaisir de survivre à Domitien : *Donec huic latroni supersim.* Autant de manières de ne point songer à la mort : autant de *divertissements*, comme disait Pascal.

Toutes ces ressources font défaut au vrai chrétien. Il n'a point le droit de fuir le monde avec emportement, il n'a point le droit de se troubler la vue devant la mort en s'enivrant de haine ou de mépris pour ses semblables. Il ne la cherche pas, il ne la fuit pas, il la prévoit et il l'attend ; il en est occupé pendant toute sa vie et plus encore à ses derniers moments, et il ne tient qu'à vous de croire que, faisant

exception au reste de l'humanité, il la regarde vraiment en face. Il n'en est rien
cependant; il a bien les yeux dirigés vers
la mort, mais son regard va plus loin et
la franchit sans la voir. Il a sa façon particulière d'en détourner la vue qui n'est
point de regarder, comme les autres hommes, à sa droite ou à sa gauche, ou derrière lui, mais du côté de la mort et au
delà. Il s'est étudié de longue main à la
regarder sans la voir, et à force de lui répéter hardiment : Où est ton aiguillon ?
où est ta victoire ? il est devenu aveugle
devant sa victoire et s'est rendu insensible
à son aiguillon. En un mot, il a cette méthode et cette ressource admirable de dérober à la mort ses attributs naturels et de
ne pas la prendre au sérieux. Il la sup-
prime donc plutôt qu'il ne l'affronte, et
c'est pour lui un parti pris que de l'oublier.

Voilà l'art de mourir à l'usage du chrétien, et ce que cet art a de plus admirable,

c'est qu'il se soutient dans la pratique, c'est qu'il ne dépasse pas le niveau ordinaire de l'âme humaine et qu'il est d'un secours sans prix à un grand nombre de nos semblables. Cette préoccupation quotidienne de l'autre vie, cette constante contemplation des régions célestes, cette étude assidue des moyens d'y parvenir et du vrai chemin qui y mène, rien de tout cela n'est stérile; on se forme ainsi une seconde nature qui fait la guerre aux instincts de l'autre et qui finit par la supplanter. L'habitude de croire et d'espérer équivaut à la certitude et aboutit à la produire. Et cette certitude bienfaisante est à la portée des plus humbles esprits comme des plus grands, s'ils ont pris le même chemin. Pour mourir comme Ozanam est mort naguère parmi nous, il n'est pas besoin de son intelligence délicate et cultivée, ni de son âme généreuse; les plus humbles de ses frères l'imitent sans peine ce jour-là, parce qu'ils l'ont imité tous les jours, et la vue exercée du chrétien n'a pas besoin d'être perçante pour contempler à la place de la mort les cieux tout grands ouverts.

Si les philosophes ne peuvent imiter que de loin cette sécurité parfaite, ils n'en recueilleront pas moins pour cette épreuve suprême le fruit du commerce qu'ils ont entretenu avec les choses éternelles, soit qu'ils aient pris l'habitude de vivre sous l'œil d'un Dieu de justice et de bonté et qu'ils aient toujours agi dans l'attente de son jugement; soit qu'ils aient cherché dans la conception de l'ordre universel et dans une intelligente adhésion aux lois de la nature la force nécessaire pour endurer avec calme les maux de cette vie et pour la quitter sans regret. Quelque chemin qu'ait suivi la pensée de l'homme, pour peu qu'elle se soit élevée au-dessus des intérêts et des préoccupations vulgaires, elle s'est rendue plus capable de considérer la mort sans faiblesse, et tout effort d'esprit

vers le grand et vers le beau reçoit ce jour-
là sa récompense. Nous avons en effet cet
avantage sur les bêtes, que, menacés par la
mort, nous savons de quoi il s'agit; mais
si nous en restons à ce point, c'est un
triste privilége, et nous aurions le droit de
regretter notre intelligence si elle ne nous
faisait pas faire un pas de plus : savoir de
quoi il s'agit et en prendre notre parti,
voilà notre supériorité véritable et notre
gloire.

11333. — Typ. Lahure, rue de Fleurus, 9, Paris.

LIBRAIRIE HACHETTE ET CIE

Boulevard Saint-Germain, 79, Paris.

JUIN 1873

OUVRAGES

SUR LA

GÉOGRAPHIE DE LA FRANCE ET DES COLONIES

PAR ADOLPHE JOANNE

DICTIONNAIRE

GÉOGRAPHIQUE, ADMINISTRATIF, POSTAL, STATISTIQUE
ET ARCHÉOLOGIQUE

DE LA FRANCE

DE L'ALGÉRIE ET DES COLONIES

indiquant pour chaque commune :

La condition administrative, la population, la situation géographique, l'altitude, la superficie, la distance aux chefs-lieux de canton, d'arrondissement et de département; les bureaux de poste et de télégraphie électrique, les stations et correspondances de chemins de fer; la cure ou succursale, les établissements d'utilité publique ou de bienfaisance ; donnant tous les renseignements administratifs, judiciaires, ecclésiastiques, militaires, maritimes, commerciaux, industriels, agricoles ; énumérant les richesses minérales, les curiosités naturelles ou archéologiques ; les collections d'objets d'art ou de sciences; renfermant, outre la description détaillée de tous les cours d'eau, de tous les canaux, de tous les phares, de toutes les montagnes, des notices géographiques, administratives et statistiques sur les 89 départements de la France, sur l'Algérie et sur les colonies.

DEUXIÈME ÉDITION ENTIÈREMENT REVISÉE ET CONSIDÉRABLEMENT AUGMENTÉE

et suivie d'un *supplément* contenant

la liste des communes qui ont cessé de faire partie du territoire français

Un volume grand in-8 de 2700 pages à 2 colonnes

25 fr. broché. — **28 fr. 25** cartonné en percaline. — **30 fr.** relié en demi-chagrin.
29 fr. 50 cartonné en 2 volumes. — **33 fr. 50** relié en 2 volumes.

PETIT DICTIONNAIRE GÉOGRAPHIQUE

DE LA FRANCE

OUVRAGE ABRÉGÉ DU PRÉCÉDENT

Par le même auteur

1 volume in-12, cartonné, 6 francs.

ITINÉRAIRE GÉNÉRAL DE LA FRANCE
PAR ADOLPHE JOANNE

I. **Paris illustré**. Nouveau guide de l'étranger et du Parisien, contenant 442 vignettes et 15 plans. 1 beau vol. in-18 jésus ; 3e édition. Relié, 12 fr.

II. **Environs de Paris illustrés**. Itinéraire descriptif et historique. 1 vol. in-18 jésus de 660 pages, contenant 244 gravures, une grande carte des environs de Paris et 7 autres cartes et plans. Relié, 9 fr.

III. **Bourgogne, Franche-Comté, Savoie.** 1 vol. in-18 jésus de 510 pages, contenant 11 cartes, 5 plans et 1 panorama. Relié, 8 fr.

IV. **Auvergne, Dauphiné, Provence.** 1 vol. in-18 jésus de 900 pages, contenant 12 cartes, 11 plans de villes et 1 panorama. Relié, 10 fr.

V. **Loire** et **Centre**. 1 fort vol. in-18 jésus de 690 pages, contenant 26 cartes et 10 plans. Relié, 12 fr.

VI. **Pyrénées.** 1 fort vol. in-18 jésus de 700 pages, contenant 7 cartes, 1 plan et 9 panoramas ; 3e édition. Relié, 12 fr.

VII. **Bretagne.** 1 vol. in-18 jésus de 620 pages, contenant 10 cartes et 7 plans. Relié, 9 fr.

VIII. **Normandie.** 1 vol. in-18 jésus de 580 pages, contenant 7 cartes et 4 plans. Relié, 8 fr.

IX. **Nord.** 1 vol. in-18 jésus de 420 pages, contenant 7 cartes et 8 plans. Relié, 8 fr.

X. **Vosges** et **Ardennes.** 1 fort volume in-18 jésus de 700 pages, contenant 14 cartes et 7 plans. Relié, 11 fr.

LA FRANCE
1 volume in-32, cartonné, avec 8 cartes, 4 fr. 50 c.

Collection des GUIDES DIAMANT.

ITINÉRAIRE HISTORIQUE ET DESCRIPTIF
DE L'ALGÉRIE
PAR L. PIESSE
COMPRENANT LE TELL ET LE SAHARA

Ouvrage accompagné d'une carte générale de l'Algérie, d'une carte spéciale de chacune des trois provinces, et d'une carte spéciale de la Mitidja. — 1 vol. in-18 jésus, relié, 12 fr.

ATLAS DE LA FRANCE

PAR ADOLPHE JOANNE

CONTENANT

95 cartes tirées en quatre couleurs

(1 carte générale de la France – 89 cartes départementales – 1 carte de l'Algérie
4 cartes des colonies)

Et 94 notices géographiques et statistiques

TROISIÈME ÉDITION REVUE ET COMPLÉTÉE

1 vol. in-folio, cartonné, 40 fr.

Chaque carte se vend séparément 50 centimes.

GÉOGRAPHIE DES DÉPARTEMENTS DE LA FRANCE

PAR ADOLPHE JOANNE

CONTENANT LA LISTE COMPLÈTE DES COMMUNES DU DÉPARTEMENT ET UN DICTIONNAIRE
DES LOCALITÉS LES PLUS REMARQUABLES

Chaque département forme un volume in-18 jésus, cartonné,
contenant des gravures intercalées dans le texte et une carte imprimée
en quatre couleurs.

Ces monographies ont pour objet l'étude détaillée de chacun des départements.
Elles contiennent tous les faits et tous les renseignements dont la connaissance
est indispensable aux maîtres et aux élèves, ainsi qu'aux personnes curieuses
de connaître l'histoire et la géographie de leur département.

EN VENTE :

PREMIÈRE SÉRIE A 1 FR. 50 C. LE VOLUME.

Bouches-du-Rhône, avec 15 grav. et 1 carte.
Charente, avec 28 gravures et 1 carte.
Charente-Inférieure, avec 30 gr. et 1 carte.
Côte-d'Or, avec 43 gravures et 1 carte.
Doubs, avec 20 gravures et 1 carte.
Gironde, avec 40 gravures et 1 carte.
Indre-et-Loire, avec 35 gravures et 1 carte.
Isère, avec 17 gravures et 1 carte.
Landes, avec gravures et 1 carte.
Loir-et-Cher, avec 27 gravures et 1 carte.

Loiret, avec 36 gravures et 1 carte.
Meurthe, avec 31 gravures et 1 carte.
Rhône, avec 23 gravures et 1 carte.
Seine-et-Marne, avec 22 gravures et 1 carte.
Seine-et-Oise, avec 33 gravures et 1 carte.
Somme, avec 27 gravures et 1 carte.

DEUXIÈME SÉRIE A 80 CENT. LE VOLUME.

Aisne, Nord, Pas-de-Calais, Seine-Inférieure.

EN PRÉPARATION

Allier, Indre-et-Loire, Loire-Inférieure, Saône (Haute).

DICTIONNAIRE UNIVERSEL
D'HISTOIRE ET DE GÉOGRAPHIE

PAR BOUILLET

Contenant : 1° L'*Histoire proprement dite* : Résumé de l'histoire de tous les peuples anciens et modernes, avec la série chronologique des souverains de chaque État; notices sur les institutions publiques, sur les assemblées délibérantes, sur les congrégations monastiques et les ordres de chevalerie ; sur les sectes religieuses, politiques et philosophiques ; sur les grands événements historiques, tels que guerres, batailles, siéges, journées mémorables, conspirations, traités, conciles, etc. — 2° La *Biographie universelle* : Personnages historiques de tous les pays et de tous les temps, avec la généalogie des maisons souveraines et des grandes familles; — Saints et martyrs, avec les jours de leurs fêtes; — Savants, artistes, écrivains, avec l'indication de leurs travaux, de leurs découvertes, de leurs systèmes, ainsi que des meilleures éditions et traductions de leurs écrits. — 3° La *Mythologie* : Notices sur les divinités, les héros et les personnages fabuleux de tous les peuples, avec les diverses interprétations données aux principaux mythes et aux traditions mythologiques. — Articles sur les religions, cultes et rites divers; sur les fêtes, jeux, cérémonies publiques ; sur les mystères, ainsi que sur les livres sacrés de chaque nation. — 4° La *Géographie ancienne et moderne* : Géographie comparée, faisant connaître les divers noms de chaque pays dans l'antiquité, au moyen âge et dans les temps modernes; — Géographie physique et politique, avec les dernières divisions administratives et la population, d'après les relevés officiels; — Géographie industrielle et commerciale, indiquant les productions de chaque contrée; — Géographie historique, mentionnant les événements principaux qui se rattachent à chaque localité. — Ouvrage recommandé par le Conseil de l'Instruction publique, et approuvé par Mgr l'Archevêque de Paris. Nouvelle édition (23ᵉ), entièrement refondue. Un beau volume de plus de 2000 pages grand in-8, pouvant se diviser en deux parties. Broché, 21 fr.

Le Supplément séparément,   25 c.

Le cartonnage en percaline gaufrée se paye en sus.   2 fr. 75
La demi-reliure en chagrin, tranches jaspées.   4 fr. 50
La demi-reliure en chagrin, avec tranches et gardes peignes.   5 fr.

ATLAS UNIVERSEL
D'HISTOIRE ET DE GÉOGRAPHIE

PAR BOUILLET

Comprenant : 1° La *Chronologie :* Notions préliminaires (principales ères; concordance des années olympiques et des années de Rome avec les années avant et après Jésus-Christ; concordance des années de l'ère chrétienne et des années de l'hégire ; table des archontes d'Athènes, des consuls de Rome; catalogue des saints, calendriers, etc., etc.); suivies de tables chronologiques universelles, comprenant tous les faits de l'histoire universelle classés à leur date, année par année, depuis la création du monde jusqu'en 1865. — 2° La *Généalogie :* Tableaux généalogiques des dieux et de toutes les familles historiques de l'antiquité et des temps modernes; des souverains, des princes, des grands personnages de toutes les époques de l'histoire, accompagnés d'un traité élémentaire de l'art héraldique qui comprend le blason, la nomenclature des ordres de chevalerie et décorations, la description des drapeaux et pavillons des principales puissances du monde, et 12 planches coloriées. — 3° La *Géographie :* 88 cartes gravées et coloriées faisant connaître la géographie physique et historique de tous les pays du monde (39 cartes sont consacrées à la géographie historique et 49 à la géographie contemporaine). Cette troisième partie comprend en outre un texte explicatif de ces cartes, indiquant les ressources commerciales et industrielles, les divisions politiques, militaires, administratives, judiciaires, financières, universitaires et religieuses de chaque pays. — Ouvrage formant le complément du *Dictionnaire universel d'Histoire et de Géographie*, du même auteur. — 1 vol. grand in-8. Broché,   30 fr.

> Le cartonnage en percaline gaufrée se paye en sus. 3 fr. 25
> La demi-reliure en chagrin, tranches jaspées. 5 fr.
> La demi-reliure en chagrin, avec tranches et gardes peignes. 6 fr.

LE MÊME OUVRAGE, sans les douze planches du traité élémentaire de l'art héraldique. Broché,   21 fr.

> Le cartonnage en percaline gaufrée se paye en sus. 2 fr. 75
> La demi-reliure en chagrin, tranches jaspées. 4 fr. 50
> La demi-reliure en chagrin, avec tranches et gardes peignes. 5 fr. 50

DICTIONNAIRE UNIVERSEL
DES
SCIENCES, DES LETTRES ET DES ARTS
PAR BOUILLET

Comprenant : 1° Pour les Sciences : I. Les *Sciences métaphysiques et morales* : Religion et théologie naturelles ; psychologie, logique, morale, éducation ; droit et législation, administration, économie politique. — II. Les *Sciences mathématiques* : Mathématiques pures : arithmétique, algèbre, géométrie ; Mathématiques appliquées : mécanique, astronomie, génie, art militaire, marine, calcul des probabilités ; assurances, tontines, loteries, arpentage et géodésie ; métrologie (mesures, poids et monnaies), etc. — III. Les *Sciences physiques* et les *Sciences naturelles* : Physique et chimie ; minéralogie et géologie ; botanique, zoologie, anatomie, physiologie. — IV. Les *Sciences médicales* : Médecine, chirurgie, pharmacie et matière médicale ; art vétérinaire. — V. Les *Sciences occultes* : Alchimie, astrologie, magie, sorcellerie, etc. — 2° Pour les Lettres : I. La *Grammaire* : Grammaire générale, linguistique, philosophie. — II. La *Rhétorique* : Genre oratoire, genres didactique, épistolaire, etc.; figures, tropes. — III. La *Poétique* : Poésie lyrique, épique, dramatique, didactique, etc.; prosodie. — IV. Les *Études historiques* : Formes diverses de l'histoire, histoire proprement dite, chronique, mémoires, etc.; chronologie, archéologie, paléographie, numismatique, blason ; géographie théorique, ethnographie, statistique. — 3° Pour les Arts : I. Les *Beaux-Arts* et les *Arts d'agrément* : Dessin, peinture, gravure, lithographie, photographie ; sculpture et statuaire ; architecture ; musique, danse et chorégraphie ; gymnastique, escrime, équitation, chasse, pêche ; jeux divers, jeux d'adresse, jeux de hasard, jeux de combinaison. — II. Les *Arts utiles* : Arts agricoles : agriculture, silviculture, horticulture ; Arts métallurgiques : extraction et travail des métaux et des minéraux ; Arts industriels : arts et métiers, fabriques et manufactures, produits chimiques ; Professions commerciales : négoce, banque, change, etc.; avec l'explication et l'étymologie de tous les termes techniques, l'histoire sommaire de chacune des principales branches des connaissances humaines, et l'indication des principaux ouvrages qui s'y rapportent ; rédigé avec la collaboration d'auteurs spéciaux. Nouvelle édition (10ᵉ), entièrement refondue et mise au courant du dernier état de la science. Ouvrage dont l'introduction dans les lycées est autorisée par M. le Ministre de l'instruction publique. 1 beau volume de 1817 pages grand in-8, pouvant se diviser en deux parties. Broché,   21 fr.

Le cartonnage en percaline gaufrée se paye en sus.   2 fr. 75
La demi-reliure en chagrin.   4 fr. 50
La demi-reliure en chagrin, avec tranches et gardes peignes.   5 fr.

DICTIONNAIRE UNIVERSEL

DE LA VIE PRATIQUE

A LA VILLE ET A LA CAMPAGNE

PAR BELEZE

Contenant les notions d'une utilité générale et d'une application journalière et tous les renseignements usuels en matière : 1º *de Religion et d'éducation* : obligations religieuses, offices, dispenses, sacrements, cultes, etc.; instruction publique et privée : conditions d'admission aux écoles du gouvernement et aux emplois publics; lecture, écriture, orthographe, calcul, dessin, peinture, musique, chant, savoir-vivre, professions diverses ; 2º *de Législation et d'administration* : droit politique, civil et commercial; procédure; formules pour les actes; lois, décrets, règlements d'administration publique; contributions. douanes, octrois; passe-ports; postes, télégraphie; crèches, asiles, ouvroirs, hôpitaux; monts-de-piété, etc.; 3º *de Finances* : placements de fonds; achat et vente de titres; opérations de bourse; banques, assurances, tontines, sociétés de prévoyance et de secours mutuels, etc.; 4º *d'Industrie et de commerce* : prix et qualités des marchandises; monnaies, poids et mesures; professions commerciales; 5º *d'Économie domestique* : substances alimentaires, cuisine bourgeoise, pâtisserie domestique, office, conserves, vins, liqueurs, service de table; médecine domestique, hygiène, soins à donner aux enfants; secours aux malades et aux blessés, pharmacie usuelle; bains de mer; art vétérinaire; animaux domestiques; habillement, blanchissage, ameublement, ménage et comptabilité domestique; constructions ; 6º *d'Économie rurale* : agriculture, arboriculture, jardinage, silviculture, arpentage, drainage, apiculture, pisciculture, maladies des plantes; 7º *d'Exercices de corps et de jeux de société* : chasse, pêche, gymnastique, danse, escrime, natation, équitation, jeux d'adresse, de combinaison, de hasard, etc. Ouvrage rédigé avec la collaboration d'auteurs spéciaux ; 4º édition, revue, corrigée et augmentée d'un supplément. 1 beau volume grand in-8 de plus de 1900 pages, imprimé en petits caractères et sur deux colonnes. Broché,   21 fr.

Le cartonnage en percaline gaufrée se paye en sus.   2 fr. 75
La demi-reliure en chagrin,   4 fr. 50
La demi-reliure en chagrin avec tranches et gardes peignes,   5 fr.

HISTOIRE UNIVERSELLE

PUBLIÉE PAR UNE SOCIÉTÉ DE PROFESSEURS ET DE SAVANT

Sous la direction de M. Victor DURUY

FORMAT IN-18 JÉSUS

On peut se procurer chaque volume de cette série en demi-reliure, dos chagrin, avec tranches jaspées, moyennant 1 fr. 50 c.; avec tranches dorées, moyennant 2 fr. en sus des prix ci-aprè marqués.

La terre et l'homme, ou aperçu historique de géologie, de géographie et d'ethnographie générales, pour servir d'introduction à l'*Histoire universelle*, par M. L. F. A. MAURY, membre de l'Institut; 3ᵉ édition. 1 vol.   5 fr.

Chronologie universelle, suivie de la liste des grands États anciens et modernes, des dynasties puissantes et des princes souverains du premier ordre, avec des tableaux généalogiques des familles royales de France et des principales maisons régnantes d'Europe, par M. DREYSS, recteur de l'Académie de Chambéry; 4ᵉ édition. 2 vol. imprimés sur deux colonnes en petits caractères,   10 fr.

Histoire sainte d'après la Bible, par M. DURUY; 6ᵉ édition. 1 vol. contenant 8 cartes et 2 plans,   3 fr.

Histoire ancienne de l'Orient, par M. J. GUILLEMIN, ancien recteur de l'Académie de Nancy; 6ᵉ édit. 1 vol. avec 8 cartes, 4 plans et 11 grav., 4 fr.

Histoire grecque, par M. DURUY; 7ᵉ édition. 1 volume contenant 7 cartes, 7 plans et 7 gravures,   4 fr.

Histoire romaine, jusqu'à l'invasion des Barbares, par M. DURUY; 10ᵉ édition. 1 vol. contenant 7 cartes, 1 plan de Rome et 12 gravures,   4 fr.

Histoire du moyen âge, depuis la chute de l'empire d'Occident, jusqu'au milieu du quinzième siècle, par M. DURUY; 5ᵉ édition. 1 vol. contenant 6 cartes et 9 gravures,   4 fr.

Histoire des temps modernes, depuis 1453 jusqu'à 1789, par M. DURUY; 6ᵉ édition. 1 vol. contenant 6 cartes et 4 gravures.   4 fr.

Histoire de la France, par M. DURUY; nouvelle édition, illustrée d'un grand nombre de grav. et de cartes. 2 vol. 8 fr.

Histoire d'Angleterre (Abrégé de l'), comprenant celle de l'Écosse, de l'Irlande et des possessions anglaises, par M. FLEURY, recteur de l'Académie de Douai; 3ᵉ édit. 1 vol. contenant des cartes, des plans et des gravures, 4 fr.

Histoire d'Italie (Abrégé de l'), depuis l'invasion des Barbares jusqu'à nos jours, par M. ZELLER, maître de conférences à l'École normale supérieure; 2ᵉ édition. 1 vol. contenant des cartes, des plans et des gravures,   4 fr.

Histoire des États scandinaves (Suède, Norvége, Danemark), depuis les temps les plus reculés jusqu'à nos jours, par M. GEFFROY, maître de conférences à l'École normale supérieure. 1 volume contenant 5 cartes et 1 plan, 3 fr. 50

Histoire du Portugal et de ses colonies, par A. BOUCHOT. 1 vol. de 470 pages contenant 2 cartes et 2 plans,   4 fr.

Histoire de la littérature grecque, par M. A. PIERRON, professeur au lycée Descartes; 5ᵉ édition. 1 vol.   4 fr.

Histoire de la littérature romaine, par le même; 5ᵉ édition. 1 vol.   4 fr.

Histoire de la littérature française, depuis ses origines jusqu'à nos jours, par M. DEMOGEOT, agrégé de la Faculté des lettres de Paris; 12ᵉ édit. 1 vol. 4 fr.

Dictionnaire historique des institutions, mœurs et coutumes de la France, par M. CHÉRUEL, recteur de l'Académie de Poitiers; 2ᵉ édition. 2 vol. illustrés de gravures.   12 fr.

Histoire de la physique et de la chimie, par M. HŒFER. 1 vol.   4 fr.

Histoire de la botanique, de la minéralogie et de la géologie, par le même. 1 vol.   4 fr.

Histoire de la zoologie, par le même. 1 vol.   4 fr.

Histoire de l'astronomie, par le même. 1 vol.   4 fr.

Paris. — Imprimerie Viéville et Capiomont, 6, rue des Poitevins.